课本
里的
作家

爱阅读
学生精读版
★★★★★

课本里的作家

神笔马良·
鸡与鹤

洪汛涛 / 著

小学语文同步阅读
三年级
彩插精读版

山东教育出版社
·济南·

图书在版编目（CIP）数据

神笔马良·鸡与鹤/洪汛涛著．— 济南：山东教
育出版社，2025．4．—（爱阅读·课本里的作家）．
ISBN 978-7-5701-3579-0

Ⅰ．G634.333

中国国家版本馆 CIP 数据核字第 20250L1R54 号

SHEN BI MALIANG · JI YU HE

神笔马良·鸡与鹤

洪汛涛　著

主管单位：山东出版传媒股份有限公司
出版发行：山东教育出版社
　　　　　地址：济南市市中区二环南路 2066 号 4 区 1 号　邮编：250003
　　　　　电话：（0531）82092600　　　　　网址：www.sjs.com.cn
印　　刷：肥城新华印刷有限公司
版　　次：2025 年 4 月第 1 版
印　　次：2025 年 4 月第 1 次印刷
开　　本：700 mm×1000 mm　1/16
印　　张：12
字　　数：145 千
定　　价：35.80 元

马良从小喜欢画画，在地上爬着的时候，就爱拿块石头，或者抓根木棒，在泥地上胡乱地涂一气。直的、横的、圆的、方的，谁知道画的是什么。

只听那老人开口了，他一字一句，慢慢地跟马良说："马良，你是个好孩子，你应该有一支笔了。我送给你一支笔，这是一支神笔，你要好好去为那些没有笔的穷苦人画画……"

关关卡卡

他知道这大骏马是带不走了，只好撇下它。马良一跃，跳上冰块，匍匐下身子，在身上盖一些枯草。甲鱼们驮着冰块，缓缓地渡过湖去。

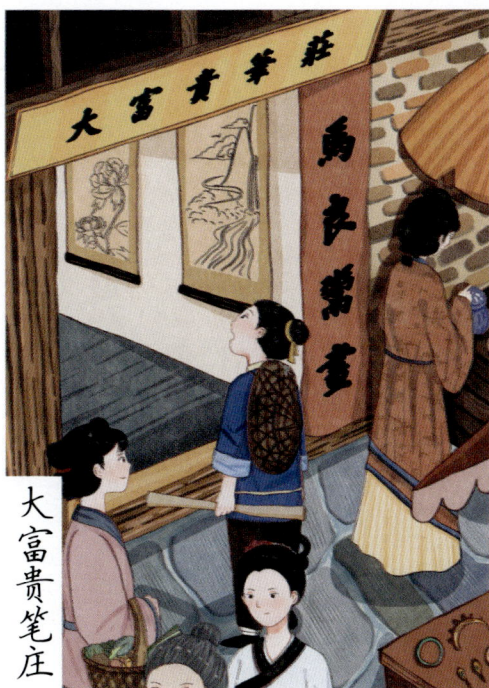

大富贵笔庄

忽然，在他的眼前映出一块金字招牌："大富贵笔庄"。招牌一端，垂直挂下一红色布帘，上写四个大字："马良鬻画"。

鸡与鹤

丹顶鹤站在鸡们中间，听了这些赞美声，更有点飘飘然，愈来愈觉得自己比鸡要高贵了。

哪吒闹海

哪吒回头一看，只见一个长着满口獠牙的夜叉，拿着斧子向他挥来。哪吒见夜叉这么不讲理，而且来势凶猛，就取下乾坤圈向夜叉抛去，没想到一下子就把夜叉打死了。

总序

北京书香文雅图书文化有限公司的李继勇先生与我联系，说他们策划了一套《爱阅读·课本里的作家》丛书，读者对象主要是中小学生，可以作为学生的课外阅读用书，希望我写篇序。作为一名语文教育工作者，在中共中央办公厅、国务院办公厅印发《关于进一步减轻义务教育阶段学生作业负担和校外培训负担的意见》（以下简称"双减"）的大背景下，为学生推荐这套优秀课外读物责无旁贷，也更有意义。

一、"双减"政策以后怎么办？

"双减"政策对义务教育阶段学生的作业和校外培训作出严格规定。我认为这是一件好事。曾几何时，我们的中小学生作业负担重，不少学生不是在各种各样的培训班里，就是在去培训班的路上。学生"学"无宁日，备尝艰辛；家长们焦虑不安，苦不堪言。校外培训机构为了增强吸引力，到处挖掘优秀教师资源，有些老师受利益驱使，不能安心从教。他们的行为破坏了教育生态，违背了教育规律，严重影响了我国教育改革发展。教育是什么？教育是唤醒，是点燃，是激发。而校外培训的噱头仅仅是提高考试成绩，让学生在中高考中占得先机。他们的广告词是"提高一分，干掉千人"，大肆渲染"分数为王"，在这种压力之下，学生面对的是"分萧萧兮题海寒"，不得不深陷题海，机械刷题。假如只有一部分学生上培训班，提高的可能是分数。但是，如果大多数学生或者所有学生都去上培训班，那提高的就不是分数，而只是分数线。教育的根本任务是立德树人，是培根铸魂，是启智增慧，是让学生的德智体美劳全面发展，是培养社会主义建设者和接班人，是为中华民族伟大复兴提供人才，而不是培养只会考试的"机器"，更不能被资本所"绑架"。所以中央才"出重拳""放实招"，目的就是要减轻学生过重的课业负担，减轻家长过重的经济和精神负担。

"双减"政策出台后，学生们一片欢呼，再也不用在各种培训班之间来回奔波了，但家长产生了新的焦虑：孩子的学习成绩怎么办？而对学校老师来说，这是一个新挑战、新任务，当然也是新机遇。学生在校时间增加，要求老师提升教学水平，科学合理地布置作业，同时开展课外延伸服务，事实上是老师陪伴学生的时间增加了。这部分在校时间怎么安排？如何让学生利用好课外时间？这一切都考验着老师们的智慧。而开展各种课外活动正好可以解决这个难题，比如：热爱人文的学生，可以开展阅读写作、演讲辩论，学习中华优秀传统文化和民风民俗等社团活动；喜爱数理的学生，可以组织科普科幻、实验研究、统计测量、天文观测等兴趣小组；也可以开展体育比赛、艺术（音乐、美术、书法、戏剧……）体验和劳动教育等实践活动。当然，所有的活动都应以培养学生的兴趣爱好为目的，以自愿参加为前提。学校开展课后服务，可以多方面拓展资源，比如博物馆、图书馆、科技馆、陈列馆、少年宫、青少年活动中心，甚至校外培训机构的优质服务资源，还可组织征文比赛、志愿服务、社会调查等，助力学生全面发展。

二、课外阅读新机遇

近年来，新课标、新教材、新高考成为语文教育改革的热词。我曾经看到一个视频，说语文在中高考中的地位提高了，难度也加大了。这种说法有一定道理，但并不准确。说它有一定道理，是因为语文能力主要指一个人的阅读和写作能力，而阅读和写作能力又是一个人综合素养的体现。语文能力强，有助于学习别的学科。比如数学、物理中的应用题，如果阅读能力上不去，读不懂题干，便不能准确把握解题要领，也就没法准确答题；英语中的英译汉、汉译英题更是考查学生的语言表达能力；历史题和政治题往往是给一段材料，让学生去分析、判断，得出结论，并表述自己的观点或看法。从这点来说，语文在中高考中的地位提高有一定道理。说它不准确，有两个方面的理由：一是语文学科本来就重要，不是现在才变得重要，之所以产生这种错觉，是因为在应试教育的背景下，语文的重要性被弱化了；二是语文考试的难度并没有增加，增加的只是阅读思维的宽度和广度，考查的是阅读理解、信息筛选、应用写作、语言表达、批判性思维、辩证思维等关键能力。可以说，真正的素质教育必须重视语文，因为语文是工具，是基础。不少家长和教师认为课外阅读浪费学习时间，这主要是教育观念问题。他们之所以有这种想法，无非是认为考试才是最终目的，希望孩子可以把更多的时间用在"刷题"上。他们只看到课标和教材的变化，以为考试还是过去那一套，其实，考试评价已发生深刻变革。目前，考试评价改革与新课标、新教材改革是同向同行的，都是围绕立德树人做文章。中共中央、国务院印发的《深化新时代教育评价改革总体方案》明确指出："稳步推进中高考改革，构建引导学生德智体美劳全面发展的考试内容体系，改变相对固化的试题形式，增强试题开放性，减少死记硬背和'机械刷题'现象。"显然就是要用中高考"指挥棒"引领素质教育。新高考招生录取强调"两依据，一参考"，即以高考成绩和高中学业水平考试成绩为依据，以综合素质评价为参考。这也就是说，高考成绩不再是高校选拔新生的唯一标准，不只看谁考的分数高，而是看谁更有发展潜力、更有创造性，综合素质更高，从而实现由"招分"向"招人"的转变。而这绝不是仅凭一张高考试卷就能够区分出来的，"机械刷题"无助于全面发展，必须在课内学习的基础上，辅之以内容广泛的课外阅读，才能全面提高综合素养。

三、"爱阅读"助力成长

这套《爱阅读·课本里的作家》丛书是为中小学生读者量身打造的，符合《义务教育语文课程标准》倡导的"好读书、读好书、读整本的书"的课改理念，可以作为学生课内学习的有益补充。我一向认为，要学好语文，一要读好三本书，二要写好两篇文，三要养成四个好习惯。三本书指"有字之书""无字之书""心灵之书"，两篇文指"规矩文""放胆文"，四个好习惯指享受阅读的习惯、善于思考的习惯、乐于表达的习惯和自主学习的习惯。古人说"读万卷书，行万里路"，实际上就是要处理好读书与实践的关系。对于中小学生来说，读书首先是读好"有字之书"。"有字之书"，有课本，有课外自读课本，还有"爱阅读"这样的课外读物。读书时我们不能眉毛胡子一把抓，要区分不同的书，采取不同的读法。一般说来，读法有精读，有略读。精读需要字斟句酌，需要咬文嚼字，但费时费力。当然也不是所有的书都需要精读，可以根据自己的需要决定精读还是略读。新课标提倡中小学生进行整本书阅读，但是学生往往不能耐着性子读完一整本书。新课标提倡的整本书阅读，主要是针对过去的单篇教学来说的，并不是说每本书都要从头读到尾。

教材设计的练习项目也是有弹性的、可选择的，不可能有统一的"阅读计划"。我的建议是，整本书阅读应把精读、略读与浏览结合起来，精读重在示范，略读重在博览，浏览略观大意即可，三者相辅相成，不宜偏于一隅。不仅如此，学生还可以把阅读与写作、读书与实践、课内与课外结合起来。整本书阅读重在掌握阅读方法，拓展阅读视野，培养读书兴趣，养成阅读习惯。

再说写好两篇文。学生读得多了，素养提高了，自然有话想说，有自己的观点和看法要发表。发表的形式可以是口头的，也可以是书面的，书面表达就是写作。写好两篇文，一篇规矩文，一篇放胆文。规矩文重打基础，放胆文更见才气。规矩文要求练好写作基本功，包括审题、立意、选材、构思等，同时还要掌握记叙文、议论文、说明文、应用文的基本要领和写作规范。规矩文的写作要在教师的指导下进行。放胆文则鼓励学生放飞自我、大胆想象，各呈创意、各展所长，尤其是展现自己的写作能力、语言表达能力、批判性思维能力和辩证思维能力。放胆文的写作可以多种多样，除了写大作文，也可以写小作文。有兴趣的学生还可以进行文学创作，写诗歌、小说、散文、剧本等。

学习语文还要养成四个好习惯。第一，享受阅读的习惯。爱阅读非常重要，每个同学都应该有自己的个性化书单。有的同学喜欢网络小说也没有关系，但需要防止沉迷其中，钻进"死胡同"。这套《爱阅读·课本里的作家》丛书，给中小学生课外阅读提供了大量古今中外的名家名作。第二，善于思考的习惯。在这个大众创业、万众创新的时代，创新人才的标准，已不再是把已有的知识烂熟于心，而是能够独立思考，敢于质疑，能够自己去发现问题、提出问题和解决问题，需要具有探究质疑能力、独立思考能力、批判性思维和辩证思维能力。第三，乐于表达的习惯。表达的乐趣在于说或写的过程，这个过程比说得好、写得完美更重要。写作形式可以不拘一格，比如作文、日记、笔记、随笔、漫画等。第四，自主学习的习惯。我的地盘我做主，我的语文我做主。不是为老师学，也不是为父母长辈学，而是为自己的精神成长学，为自己的未来学。

愿广大中小学生能借助这套《爱阅读·课本里的作家》丛书，真正爱上阅读，插上想象的翅膀，飞向未来的广阔天地！

目录

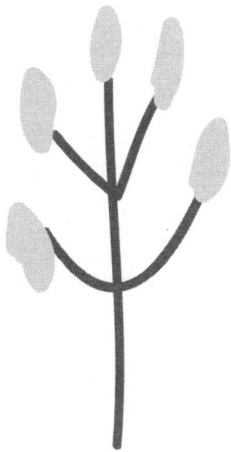

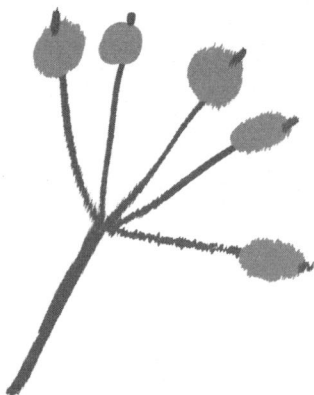

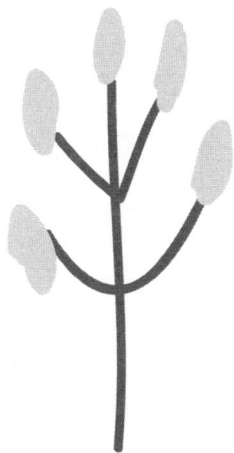

我爱读课文

原文赏读

▶名著导读课堂
▶作家故事影像
▶阅读技巧点拨
▶漫游世界名著
扫码获取

神笔马良

体　　裁：童话故事

作　　者：洪汛涛

创作时间：20 世纪 50 年代

作品出处：人教版语文三年级（上册）

内容简介：马良得到了一支神奇的笔，这支笔画的东西能变成真的。马良用它帮助穷人，惩罚富人。从故事中我们能够懂得做人不能欺负别人，不能太贪心，要心怀善意。

////////////////////// 读前导航 //////////////////////

阅读准备

　　洪汛涛的童话以浓郁的民间色彩著称，他善于从我国丰富的民间文学中汲取营养，有不少作品取材于民间传说神话等人们熟悉的题材，体现着鲜明的民族风格和中国气派。他把自己对社会和生活的思考融入传说故事，赋予它们富有时代色彩的新意和哲理。因此，他的童话作品深刻隽永，朴素生动，散发出自然清新的乡土气息。他的作品适合小学生阅读，深受小读者们喜爱。

目标我知道

学习目标	会写"偏、柴、盼、咆、哮"生字。 会认"犁、耕、桅"生字。
学习重点	能够完整地复述故事。 能够掌握故事中出现的生字的用法。
学习难点	掌握故事中出现的生字的用法。

////////////////////// 精彩赏读 //////////////////////

课本原文

神笔马良

①从前，有个孩子叫马良。他很喜欢画画，可是家里穷，连一支笔也没有。一天，他放牛回来，路过学馆，看见里面有个画师拿着笔在给大官画画。

②马良看得出神，不知不觉地走了进去。他对大官和画师说："请给我一支笔，可以吗？我想学画画。"

③大官和画师听了哈哈大笑，说："穷娃子也想学画画？"他们把马良赶了出来。

④马良气呼呼地说:"我偏不信穷娃子就不能学画画!"

⑤从此,马良用心学画画。他到山上去打柴,用树枝在沙地上画天上的鸟。他到河边去割草,用草根在河滩上画水中的鱼。他见到什么就画什么。

河滩:河边水深时淹没、水浅时露出的地方。

⑥有人问他:"马良,你学会了画画,也去给那些大官们画吗?"

⑦马良摇摇头说:"我才不呢!我专给咱穷人画!"[1]

[1]这里运用了动作描写和语言描写,表现出马良的善良和对穷人的同情,为下文做铺垫。

⑧日子一天一天过去,马良画画进步很快。可是他依然没有笔。他多么盼望能有一支笔啊!

【第一部分(①-⑧段):写了马良想学画画,一直想有一支笔,被嘲笑后仍坚持画画。】

盼望:殷切地期望。

⑨一天晚上,他躺在床上。忽然屋里闪起一道金光,一个白胡子老爷爷出现在他面前。老爷爷给他一支笔,说:"马良,你现在有一支笔了,记住你自己的话,去给穷人画画!"

⑩马良真高兴啊!他立刻拿起笔在墙上画了一只公鸡。奇怪,公鸡活了!它从墙上飞下来,跳到窗口,喔喔地叫起来。原来白胡子

老爷爷给他的是一支神笔。

⑪ 马良有了这支神笔，天天给村里的穷人画画。要什么就画什么，画什么就有什么。

⑫ 一天，他走过一块农田，看见一个老农和一个小孩子拉着犁耕地。泥土那么硬，犁拉不动。马良拿出神笔，给他们画了一头大耕牛。"哞——"耕牛下地拉犁了。

耕地：用犁把田地里的土翻松。

【第二部分（⑨-⑫段）：写了马良得到了一支神笔，帮助穷人解决了一些问题。】

⑬ 大官听说马良有一支神笔，带着兵来捉他，把他带到衙门里，要他画金元宝。马良恨透了大官，站着一动不动，大声说："我不会画！"大官气极了，就把他关在监牢里。

⑭ 到了半夜，看守监牢的兵士睡熟了，马良用神笔在墙上画了一扇门，一推，门开了。马良说："乡亲们，咱们出去吧！"监牢里的穷人都跟着他逃出去了。

⑮ 大官听说马良逃了，就派兵去追。可是马良早已画了一匹快马，骑上马跑远了，哪里还追得着。

⑯ 一天，他走到一个地方。那儿天气干旱，庄稼都快枯死了。农民们没有水车，用木桶背

水。哼唷[1]！哼唷！真够吃力。马良说："我来给你们画几架水车吧！"农民们有了水车，都很高兴。这时候，人堆里忽然钻出来几个官兵，拿铁链往马良颈上一套，又把他抓去了。

⑰大官坐在大堂上，不住地吆喝着："把马良绑起来！""把他的神笔夺下来！""快去叫画师来！"

⑱画师来了。大官叫他画一棵摇钱树，画师拿起马良的神笔，就画了一棵摇钱树。

⑲大官欢喜得很，急忙跑过去摇，不料一头撞在墙上，额角上起了个大疙瘩。画仍旧是画，没变成真的摇钱树。

⑳大官走过来，给马良松了绑，假装好声好气地说："马良，好马良，你给我画一张画吧！"

㉑马良想夺回神笔，就一口答应，说："好，就给你画一回吧！"

㉒大官见马良答应了，非常高兴，把神笔还给他，叫他画一座金山。

㉓马良不说什么话，用神笔在墙上画了个无边无际的大海。

㉔大官恼怒了，说："谁叫你画海？快画金山！"

㉕马良用笔点了几点，海中央出现了一座金山，金光闪闪，满山是金子。

㉖大官高兴得直跳[1]，连声说："快画一只大船，快画一只大船，我要上金山运金子去！"

㉗马良就画了一只大船。大官带了许多兵，跳上船就说："快开船！快开船！"马良画了几笔风，桅杆上的帆鼓起来，船直向海中央驶去。大官嫌船慢，在船头上大声说："风大些！风大些！"马良又加上粗粗的几笔风，大海涌起滚滚的波涛，大船有点儿倾斜了。大官心里害怕，着急地说："风够了！风够了！"马良不理他，还是画风。风更猛了，海水咆哮起来，山一样的海浪不断地向大船压去。

㉘大船翻了，大官他们沉到海底去了。马良又回到村里，给穷人画画。

【第三部分（⑬-㉘段）：写了马良被大官抓去，大官让他画金山，他画了海、金山、风，大官坐的船翻了。马良又回到村里，给穷人画画。】

[1]"高兴得直跳"表现出大官的激动，心情非常好。

咆哮：形容人暴怒喊叫或水流奔腾的巨大声响。

作品赏析

这篇文章用生动有趣的语言讲述马良得到了一支神奇

的笔，用它帮助穷人、惩罚官员的故事。故事告诉我们做人要善良，不能欺负比自己弱小的群体，对于欺负自己的人要勇敢面对，对于弱小的群体要积极帮助他们。

//////////////////////////积累与表达//////////////////////////

字词我来记

会写的字

chái	部首	笔画	结构	造字	组词
柴	木	10	上下	形声	火柴　劈柴
	辨字	紫（紫色　紫罗兰）			
字义	柴火。				
造句	一个农民正在山上打柴。				

páo	部首	笔画	结构	造字	组词
咆	口	8	左右	形声	咆哮　咆怒
	辨字	跑（跑步　助跑）			
字义	（猛兽）怒吼；喋。				
造句	河水奔腾咆哮，气势如虹。				

shú	部首	笔画	结构	造字	组词
熟	灬	15	上下	形声	成熟　煮熟
	辨字	塾（私塾　书塾）			
字义	植物的果实等完全长成。				
造句	西瓜已经熟了。				

会认的字

lí	组词
犁	犁地 犁杖

gēng	组词
耕	耕地 春耕

yá	组词
衙	衙门 衙内

gē	组词
疙	疙瘩 疙疤

多音字

颈 ┌ jǐng（长颈鹿）
　　└ gěng（脖颈儿）

辨析：读 jǐng 时：（1）颈项，如"长颈鹿"；（2）物体上的形状像颈或部位相当于颈的部分。读 gěng 时：脖子，如"脖颈儿"。

近义词

不知不觉—悄无声息　　　盼望—期望
咆哮—怒吼　　　　　　　吆喝—喊叫

反义词

干旱—洪涝　　无边无际—弹丸之地　　恼怒—高兴

日积月累

1. 他到山上去打柴，用树枝在沙地上画天上的鸟。他到河边去割草，用草根在河滩上画水中的鱼。他见到什么就画什么。

2. 大官欢喜得很，急忙跑过去摇，不料一头撞在墙上，额角上起了个大疙瘩。画仍旧是画，没变成真的摇钱树。

3. 风更猛了，海水咆哮起来，山一样的海浪不断地向大船压去。

读后感想

《神笔马良》读后感

在今天的课堂上，我学习了课文《神笔马良》。

这个故事讲的是马良想学画画，被别人打击后仍不放弃，坚持练习画画。后来，一个老爷爷给了马良一支神奇的笔，他用这支笔画出耕牛、水车等帮助穷苦的百姓。最后，马良被官兵捉拿，大官逼他画金山。他将计就计，画了海和金山。大官让画船和风，马良把风画得很大，最终大风吹翻了船，大官他们都沉到海底去了。大官想要获得金子，却因为贪欲和心急害了自己，这个故事告诫人们不要贪得无厌。

通过阅读这个故事，我明白了一个重要的道理：做人要善良，要和家人一起帮助生活中遇到的弱势群体，对欺负自己的人要勇敢面对，要告诉老师，让老师来帮助自己解决，还有不要贪得无厌，要学会控制自己的欲望。

精彩语句

通过阅读这个故事，我明白了一个重要的道理：做人要善良，要和家人一起帮助生活中遇到的弱势群体，对欺负自己的人要勇敢面对，要告诉老师，让老师来帮助自己解决，还有不要贪得无厌，要学会控制自己的欲望。

文章在结尾介绍了做人的道理，提倡要勇敢面对生活，不要贪得无厌，照应主题。

妙笔生花

在以后的生活中，马良还会帮穷人画什么？发挥一下想象力，写一写。

/////////////////////// 知识乐园 ///////////////////////

一、给加点字选择正确的读音并打"√"。

疙瘩（gē gè）   河滩（tān tán）

铁链（lián liàn）   桅杆（wéi wēi）

二、填写合适的近义词。

盼望—（   ）   无边无际—（   ）

耕地—（   ）   倾斜—（   ）

咆哮—（   ）   恼怒—（   ）

三、仿照文章中的句子，写一段话。

风更猛了，海水咆哮起来，山一样的海浪不断地向大船压去。

_____

_____

四、回答问题。

1.马良都帮穷人画了什么？

_____

_____

2.大官为什么想要抓马良？

_____

_____

3.马良用了什么方法惩罚大官？

_____

_____

作家经典作品

自主阅读

神笔马良正传

开 头

在《三国志》的《蜀志》里，有《马良传》。这马良可是个名人，和这《神笔马良正传》里的马良，毫无干系。虽然同名同姓，但纯属巧合。我想，给马良起名的人，未必读过《三国志》。《三国志》是历史书，就是说，三国时代，真有一个叫马良的人。

我们说的马良，是个山乡里的野孩子，既贫且贱；所以，什么"史"，什么"记"，都没有这个马良的份儿。

其实，在山乡里，我们说的马良，似乎大大超过三国时代的那个马良。在山乡里，谁知道三国时代的马良？却有许多许多人知道这个马良，许多许多人会讲神笔马良的故事。

许多地方，许多人，一说起马良，都说马良还在，有的人还有名有姓地说出谁谁谁见到过马良。马良活着，活在人们的心目中，活在人们的故事里。山乡里的父老兄弟们非常崇敬他。

有人问：马良是哪朝哪代人？我曾经考证过，也说不清楚。因为人们在说起马良的故事时，总是这样开头："很早很早以前。"或者索性说："谁知道是哪一朝哪一代。"
总之，是从前的人吧！

有人问：马良是哪个地方的人？我曾经考证过，也说
不清楚。因为人们在说起马良的故事时，都是这样肯定："就
在俺这山区里。"或者索性说："我们老家那块地方。"好像，
马良和谁都是同乡似的。

余生虽晚，可亦是山乡之人，从小就听说过马良的故
事，十分喜爱，稍稍识字，就广为搜集、记录。

抗战时期，家乡沦陷，我流落于后方，和各色人等都有
接触，我搜集、记录了许多许多故事，包括神笔马良的故事。

我曾认识一位卖笔的手艺人。他说，他原是一处制笔
作坊的工人，因为战火南烧，作坊倒闭，他失业了，老板
发给他许多笔，他一路卖，一路回家。

他头戴斗笠，背着一个蓝色大包袱，和我同行。

他告诉我，他一路过来，被"中央军"扣住过，也被"和
平军"扣住过。"中央军"说他是"和平军"的间谍，"和
平军"说他是"中央军"的探子。他什么也不是，一点也
不害怕。我问他是怎么逃出来的。他呵呵一笑，回答："我
有笔啊！"笔，怎么能帮助他逃出来呢？他没有说。

他的笔的故事，和他包袱里的笔一样多。我们一路走，
他一路卖，一路说。他卖不完笔，说不完笔的故事。有时，
一支笔上掉下来一根笔毛，他也能说出一个长长的故事来。
当时，我还真想过，这人会不会就是马良呢？

那天，我们一起宿在山下的一个小客店里。我清晨醒来的时候，不见他了，只发现在我的行箧里，多了一支笔，这是他送给我的。从此，再也没有见过他。那支笔，虽然不是"神笔"，可我仍把它当成是马良送给我的神笔，一直好好珍藏着。

我知道他没有念过书，故事也都是听来的。因为七传八传，讹误也不少。有的明明不是马良的故事，譬如江郎的故事、张良的故事、王冕的故事、吴道子的故事，他也弄到马良的头上来。自然，许多笔故事，是没名没姓的。

大概，马良算是个"作科犯上"的人。那时候，说他的故事，是会惹祸的，所以变的变，改的改，用什么名字的都有，真真假假，假假真真，也很难弄清楚了。

确实，以前，每朝每代，都有人不喜欢听马良的故事。因为很是奇怪，这些故事，元朝的人听起来好像发生在元朝，明朝的人听起来好像发生在明朝，清朝的人听起来好像发生在清朝。

据传，每朝每代的小民百姓，却都非常喜欢听马良的故事，常常给他们的儿子、孙子讲。不讲，好像比什么还难受。讲了，孩子们记住了，似乎了却一大心愿。所以，神笔马良的故事，得以一直一直传下来。

许多父老兄弟，一次次给我讲述神笔马良的故事。我给许多少年朋友，一次次讲述神笔马良的故事。

现在，我已年长，也学得了一些编织文字的基本功夫，就将这许多搜集、整理来的故事，区别真伪，去芜存菁，加以梳理，略作点染，一以贯之，用当年那位制笔手艺人赠我之笔，写成这部《神笔马良正传》，把这位山野间少年人的前朝旧事，一一介绍给今日的少年朋友。

诸位，且让我慢慢从头叙来——

1. 笔架山下

从前，有个孩子名字叫马良。

他住在村口的破窑里。父亲、母亲早年死了，靠自己打柴、割草过日子。天底下，穷人是一家，村里的人们常常接济他，帮助他，照料他。那些伙伴们，一个个待他都像亲兄弟。

马良从小喜欢画画，在地上爬着的时候，就爱拿块石头，或者抓根木棒，在泥地上胡乱地涂一气。直的、横的、圆的、方的，谁知道画的是什么。

长大了，他很想学画画，可他哪有钱去买笔呢！他们这个村子里，家家祖祖辈辈都是种地的庄稼人，也没有一家有笔的。

马良多么想自己能有一支笔，一支属于自己的笔啊！

他们村后的大山，虽然光秃秃的，都是沙土岩石，并不长树木花草，但它的形状十分奇特，三座山峰，并列一排，像个"山"字。来这山上游历的人说，那个造字的古人，准到过这里，不然怎么造出个"山"字来呢？这三座山峰，很高，要攀上这三座山峰，不是一件容易的事。这山，没有什么经济价值，不能种植庄稼，村里的人们砍柴割草，都要到很远的地方去。可是，这山，远远一望，背衬蓝天，恰似一个赭色的大笔架，煞是好看。

这大山，给了大山的儿子马良以大山的性格。他像大山一样倔强，不畏惧困难，想做什么，一定要做成。他不懂得阿谀奉承，做什么事，都是一往直前，遇到阻挡，都不回头。他虽然和大山一样贫穷，但他和大山一样屹立着，挺着腰杆子做人。他以当大山的儿子为荣。

在他们村子东边远远的地方，有一座古寺，古寺后面山丘上，有一座砖塔。年代很久了，由于经历了火灾，塔身只剩下一个褐色砖块砌的壳子。奇特的是，塔尖上长满了树，大概是鹰鸟衔上去的种子，年深月久，长成了大树。大树枝丫伸开，叶子浓密，这塔远远望去，很像一支大毛笔。塔身为笔杆，塔上的树枝则是笔头。最凑巧的是，塔顶的树木中，有一棵是枣树，秋高气爽，枣子成熟，鹰鸟啄食，四散飞落，宛如笔尖饱蘸颜料，向广袤的天穹洒溅出星星朱墨。

如果说，大山的性格就是马良的性格，那么，这塔给了马良以志气。塔尖高耸刺天，马良志气凌云，他多么想把这塔托在手上，挥舞它，像挥舞一支笔，在蓝天上用绚丽五彩的霞光作画，描绘一幅幅优美的理想画卷。

村子里有个传说，每隔三百年，哪一天，哪一刻，天要开眼，照在塔上的阳光会突然特别强烈，使塔的黑影投到远远的高山山峰之间，似同一支笔，搁在笔架上。据称，如果在刹那间，谁能抱住这黑影投射成的笔，他就会成为一位很有才学的人。

可是，村里年岁再大的老人，也没有见过这三百年一逢的开天眼，也不知道哪一年发生过这奇迹。因为他们村子里，世世代代，都是泥腿子，捏泥巴的，从没听说出过一位有才学的拿笔人。

稚年的马良，一次次，去攀登村后的高山。他爬上峰尖，坐在只有桌面大小的峰顶上，遥望远远的那座古塔和东方冉冉上升的太阳。他多么希望遇上开天眼，太阳光突然明亮起来，将塔的黑影投射过来，让他一把紧紧地抱住它。

许多个清晨和午后，他满怀希望地上山，却每回都是怅怅地回来。

他很想有一支笔。

2. 判官和魁星

有一回，他听人说城里城隍庙的判官有一支笔，他就一个人赶去了。他来到那尊判官像的前面，只见判官的左手拿着本簿子，真的，右手高高地举着一支笔。

他呆呆地看了一会，就鼓足勇气走上前去，请求说："判官爷爷，你能把这支笔借给我吗？"

判官爷爷不动声色，像是没有听见他说的话。只见对面走过来一位老人，捋捋白胡子，代为回答："傻孩子，判官爷爷的笔，怎么能借给你？你没看见他手上拿着本生死簿吗？人一生下来，他就要记下，该什么时候死……"

马良是个孩子，他不明白，问："人，怎么都要死呢？"

那老人笑笑说："要是人不死，那些坏人，恐怕要更凶啰。好心人的日子更没法过了哟！"

马良还是不太明白老人的意思，眼睛直眨巴眨巴地望着判官手上的那支笔。

过路的老人笑笑说："你这孩子八成想借笔学画画吧！"

马良叫老人说中了，欣喜地说："是啊！我想有一支笔，我很想学画画。老爷爷，你说能成吗？"

老爷爷摸摸马良的头，鼓励他说："能成，不过你要经过一番努力啊！——你要笔怎么能去向判官爷爷要呢？你应该到那边文昌庙，去求魁星菩萨。"

马良看了看判官爷爷那张严厉的黑脸，不敢多说，谢过老人，便到前边文昌庙去找魁星了。

魁星那模样，好吓人哟！他一只脚踩在一条大鱼的头上，一只脚踢着一口斗，果然手上拿着支大笔，笔尖几乎碰得着过往人们的额头了。

马良战战兢兢地走上前去，向魁星磕了个响头，说："魁星菩萨，你的笔能借我用用吗？"

魁星的脸铁青铁青，双眼眼珠都突出来了，没有回答他。

马良连说了三遍，魁星没有什么反应。他便大着胆，爬上那条大鱼背，伸出手去，取下魁星手上的那支大笔。

这笔就取下来了，他很高兴，可仔细一看，原来这笔是泥做的。

一碰，泥掉下一块，露出里面的竹签。泥笔，又有什么用呢！他只好将这支笔，又照原样塞进魁星的手中。

这时，又有一个老人走过来，捋捋白胡子说："你这孩子，你想有支笔，魁星菩萨会给你的，你怎么可以自己随便去拿他的笔呢！"

马良瞧瞧魁星那愠怒似的神色，心里有几分不安，赶紧鞠了一个躬，说了句："魁星菩萨，对不起，我太想有一支笔了。"

说完，他一溜烟地跑回村子去了。

马良很想有一支笔。

一天，他突然想，没有笔，为什么不自己做呢？

他到竹林里截来几节细竹子，这便是笔杆了。可笔头怎么做？他愣住了。

他一会儿剪东家羊的毛，一会儿剪西家牛的毛。没几天，笔没做成，村子里的羊呀，牛呀，都给剪得花花斑斑的了。村里的乡亲们不明白，都说马良这孩子怎么不学好，瞎胡闹，变得淘气不招人喜欢了。

大家不让马良再去剪羊毛牛毛了，马良就剪自己的头发。可一把把毛，一把把头发，这个孩子怎么也做不成一支笔啊！

马良又感到惘然了。

3.门槛很高很高

一个伙伴，知道马良想拥有一支笔，可是他没有办法帮助他。这位伙伴不知从哪儿弄来一株木笔花，送给了马良。马良将它栽在窑洞门外向阳的坡地上。木笔花很快成活了。

又一年过去了。就在一个严寒还没有完全过去的立春日，木笔树上，一朵朵笔似的紫色的花蕾，从枝干里伸出来了。没过几天，紫白相间的木笔花开了一树。

从树下走过的人闻到这股淡雅的清香味，都说："木笔树开花了，马良马上会有一支笔了。"

马良很高兴。春天很快来了，天气暖融融的。他常常站在木笔树前面，自己跟自己说话。

"可是，这木笔花，好看不中用，不能当笔使啊！要是这些花都是笔，那该多么好啊！"

马良在困惑和希望中，渐渐长大了。

他天天都想着能有一支笔。他太需要一支笔了！

一天，他挑着一担柴，路过一个财主家的庄园。这位财主的祖上是朝廷的大官，后来告老还乡，在这里购置了千顷良田，建造起这座大宅院。

财主在庄园的侧门里面盖起了一个画馆，从京城延请来一位画师，教自己的孩子学画画。这位画师本是个破落子弟，虽然画得一手好画，但在人才济济的京城，他只不过是个不入流的无名之辈。他知道这位财主家产雄厚，在名镇大邑都开有店铺，并且在京城有许多做官的亲友。他在衣食不周、一筹莫展之时，找到这位大靠山，对主人自然十分忠心，极力巴结。他虽说是请来教画画的，但很快成为财主的心腹。财主信任他，他卖力地为财主效劳。

庄园的侧门开着，马良放下柴担，踮着脚往里张望，只见一位尖下巴、有几根山羊胡子的小个子画师，手上拿着一支笔，一边在纸上画着、画着，一边教孩子们画画。

马良看那画师画得实在好，孩子们跟着他一笔一笔地画，他羡慕极了，心里痒痒的，真想跑进去，求那画师收下他，让他学画画。

马良又一想，自己是穷人家的孩子，有钱人家庄园的"大门槛"，很高，很高，他的腿再长，也跨不进这"高门槛"啊！

他直愣愣地看着，那支笔，在画师的手上，那么自如，要粗就粗，要细就细，弯来曲去，像一把好锄头在一个好庄稼人的手上，太美妙了！太吸引人了！他甚至想，就是画师不肯教他画画，只要把那支笔借给他，甚至只是让他用手摸一摸，碰一碰，他就很高兴了。

画师画好一张画，正在一只盆子里洗笔，准备收起那支笔。马良忍不住了，像被人推着，一脚跨进门槛，对那画师行了个礼，请求说："我想学画画，那笔……"

尖下巴画师见走进来一个孩子。他抬头一看，只见这孩子头戴竹编斗笠，天庭饱满，脑袋微微前突，椭圆形脸蛋，眉目中带有几分聪颖气，身着陈旧粗布蓝衣蓝裤，腰束布带，脚穿一双破烂蒲鞋。虽说器宇不凡，却是个穷人家的孩子。画师问道："你是什么人，竟敢闯进画馆来喧闹？"

马良一看，画师那拉长的脸，一双桃子般的大眼睛，瞪得圆圆的，还发着凶狠狠的绿光。他立刻想起判官的脸、魁星的脸。画师的脸，比判官脸，比魁星脸，都难看，都可怕。不过，他想，脸难看，不一定是坏人。他听说，判官和魁星，虽然脸难看，却是好人。于是，他还是请求说："我叫马良，我想有支笔，我要学画画……"

画师打断他的话，说："什么马良、牛良、鸡良、狗良的，多难听的名字。学画，是达官贵人、大商富贾家孩子们的事。砍柴娃子想拿笔，学画画，你在做梦吧！"

画师一把将马良推出大门，马良一个趔趄，从门槛上栽出去。黑漆大门就"吱呀"地关上了。

马良爬起来，发觉那只斗笠没有了，又去打门，叫道："我的斗笠，我的斗笠……"

门打开一条缝，画师将马良的斗笠丢了出来，又将那盆洗过笔的水，劈头盖脸地泼向马良。马良的脸上、衣服上，都是一条条发黑的脏水。

马良对着黑漆大门，悻悻地说："为什么咱穷孩子就不能拿笔，不能学画画呢？我不信！我偏不信！"

4. 铁定心了

马良是个有志气的孩子，自从受到这场羞辱之后，他明白了许多事情，知道要靠别人是不行的，特别是那些有钱人家。他暗暗下定决心，自己学画画。

他到山上打柴时，就折下一根树枝，在沙地上学着描飞鸟。

他到河边割草时，就用草根蘸蘸河水，在岸石上学着描游鱼。

晚上，回到家里，他就拿一块木炭，在窑洞的壁上，把白天描过的东西，一件一件，再画一遍。

伙伴们都帮助他，指指点点，这儿画得像，那儿画得不像，如此，如此。

一年过去了，又一年过去了……

许多年过去了，马良学画画从没有间断过。他家窑洞的四壁，画上叠画，密密麻麻全是画了。

村里的乡亲们，特别是那些岁数大的老爷爷、老奶奶们，瞧着日渐消瘦的马良那苦学苦练的犟劲儿，都关切地劝他说："马良，咱村里缺吃少穿的，多干活计是正道。你成天迷上画画有啥意思呢？画得再好，也当不了饭吃，也当不了衣穿。别误了时光，苦了自己呀！"

马良感谢乡亲们的好心劝告。他说："谢谢大家。正因为咱们太穷，缺吃少穿，我才下决心学画，为咱穷人出口气，为咱穷人图个将来。学画，我铁定心了，再苦，再累，我也要学啊！"

马良还是一个劲地学画画。天天这么画呀，画呀，画呀……

看的人都感到乏味了，马良却愈画愈来劲，他兴致高得很呢!

一年过去了,又一年过去了……

许多年过去了,马良用心学画画,进步很快。真是画起的鸟,就差不会叫了。真是画起的鱼,就差不会游了。

一次,马良在窑洞口画了一只八哥鸟。一位老爷爷走过,看见了,问:"这是谁家养的鸟呀?怎么不叫,赶它也不飞呢?"

一次,马良在窑洞里画了一条黑鲤鱼,一位老奶奶进来,看见了,问:"这鱼怎么不养到水里去,将它挂在墙上,它会死的呀!"

一天,村口的上空来了许多只老鹰,上上下下,一个圈又一个圈地打转。人们诧异地问:"怎么啦?谁家鸡崽放在外头?要不,哪会招来这么多老鹰呢?"家家都检查了,谁家也没有将鸡崽放出去。好奇的人们到村口去查看。原来是马良在村口画了一只小母鸡呀!

一天,山沟里的牛羊纷纷跑回来了。人们将它们围拢来,可是牛羊们就是不敢到山沟里去吃草。人们怎么赶它们,它们也不肯回去。有人奇怪地问:"怎么啦?山沟里来野兽了?要不,牛羊们怎么都不敢去了呢?"

乡亲们带上棍呀,棒呀,悄悄地摸到山沟里,准备打死吓唬牲畜的野兽。

谁知来到山沟,什么野兽也没有,是马良在那儿画了只黑毛狼。

乡亲们把马良找来，大家围着他，搔他的胳肢窝，说："好小子，老鹰、牛羊被你骗了，我们都被你骗了，我们可要罚你啦！"

5. 大富贵笔庄

马良还是没有一支笔。他多么想，现在能有一支笔啊！

有一次，他在市镇上的一家笔庄看中了一支笔。那笔，很贵很贵。

他开始攒钱了，他拼命地干活，省吃俭用，准备了好几年。

总算攒成了一笔钱，可是跑到市镇，找到那家笔庄一看，那笔又涨价了。

他只好怏怏地回来，继续一点点地攒钱。

可是，等他再一次攒足了钱，笔庄里的笔又涨价了。

他又着急又生气地去找笔庄的老板，请他以原来的价钱卖给他一支笔。

可笔庄那个弓着背、弯脊梁的老板，却坏得很，抽抽鼻子，笑他说："要原价，怎么可能呢？你早一天来买嘛。要是明天来，可能又不是这价钱了！没有钱，穷孩子，要买什么笔呢？"

一个过路的老人听见了，捋捋长长的白胡子走了进来，对着马良说："不够的钱，我这里有！你拿去把笔买下来吧！"

马良并不认识这位老人，不肯收他的钱。这位老人说道："我也是个穷苦人，这一点点钱算不了什么。我知道你很想拥有一支笔，就把它买下吧！"

马良虽然很想买下这支笔，但他觉得不能平白无故地收受这位陌生老人的钱，他还是一味地把钱推还给老人。

在两人的推让中，钱散开掉在地上了。马良赶忙低头去捡。等马良捡起钱，抬头一看，老人已经不见了。

"老爷爷，这可不行！"

他赶出门去，只见街上人来人往，老人连踪影也没有了。

马良没有办法，转身回到店里。他将钱一数，真奇怪：他带来的钱和老人给他的钱，相加起来，一分不多，一分不少，正好是那支笔涨价后的价钱。

马良把钱如数摊在柜台上，要向老板买下那支笔："钱够了，请把那支笔卖给我吧。"

弯脊梁老板板着脸回答："钱够了也不卖。"

马良诧异地问："那是为什么？"

老板冷冷地回答："又涨价了。"

马良很是生气，说："刚才还是那个价钱，怎么又涨价了？"

老板有气无力地答道："刚才是刚才，现在是现在，早晚市价不同嘛！"

马良正要力争，只见从店堂里走出来一个人，说："穷娃子，你瞧瞧这招牌，这叫'大富贵笔庄'。你知道笔是什么吗？笔，是大富大贵人家锦上添花、涂金抹银用的。

你们的手，只配扶犁拿锄，捏泥挖土。你们拿笔，岂不辱没了斯文。你想想，笔怎么可以卖给你们呢？……"

这人五短身材，矮矮胖胖，马良从未见过，大概是个有身份的人。笔庄老板见他说话了，脊梁立刻变得像一把拉开的弓，侍立一旁，嘴上不断发出"是，是"的声响。

马良知道他们存心刁难，不想把笔卖给他。他不愿跟他们说话，掉转身，就走出店堂。

他心里很是不服气，要去找人评理。他去找过有钱人、做官的人，可是哪家都不肯让他进门。看门的人，不明白他的心思，都讥笑他说："种地的孩子要笔干什么呢？"

马良受了许多奚落，心里十分愤懑。他路过那些有钱人、做官人家的宅院，知道他们家里都有笔，有许多许多的笔。要是可以，他多么想，进去悄悄拿一支，去强行取一支。

他虽然这样想过，却没有这样做。他太想有一支笔了。他知道，他们不会给他一支笔的。要有一支笔，太难了，太难了，太难了……

6. 梦笔

▶ 名著导读课堂
▶ 作家故事影像
▶ 阅读技巧点拨
▶ 漫游世界名著
扫码获取

马良很想有支笔。

他晚上做梦，也想着能够有一支笔。

他曾梦见，他真有一支笔了。

有一天，他正在村后山间的小道上艰难地攀登。突然，阳光一下变得特别明亮。他使力睁开双眼，只见远方古塔那条长长的黑影，正投在山峰之间。啊！真的，笔搁在笔架上了。马良欣喜万分，立即扑过去，抱住这黑影子。一霎间，这黑影又慢慢竖立起来。马良抱住的不是笔，而是远方的那座塔。他已经来到寺后的塔下。塔上群鸟聒噪，飞落下很多很多红枣子，像是天女散的花，天上下起一阵红色的雨。

这又不是塔，是一支笔，一支真的大笔。

这笔好粗好大。笔尖直刺青天，云彩在笔尖周围缭绕，雾气氤氲，五色的霞光像是笔所涂抹的，在向着远方一点点渗开、淡化。

忽然，笔尖又如同浸在清水里那样，笔毛柔软地漂散开来，像一朵银白色的巨大莲花。

一眨眼，笔头又变成一朵金黄色的大菊花了。很快，又变成一朵红玉色的大百合花了……

这是一支五彩的笔。

不好了！那个尖下巴画师，那个大富贵笔庄的弯脊梁老板，还有一大群有钱的人、做官的人，追来了。

他们大声呼叫着："这笔是我们的，这笔是我们的，这笔是我们的……"

这大笔一下变小了，变得和马良的人一样高了，马良急忙扛起笔跑了。

"这笔是我们的，这笔是我们的，这笔是我们的……"

马良回头一看，黑压压一大片的人，他们来抢笔了。

马良急中生智，用笔在他身后一划，太好了，后面是一条波浪滔滔的大江。

不知道是怎么回事，是他变小了呢？还是他们变大了？

这条宽阔的大江，似乎只是一条小沟沟，他们只要一步就能跨过来了。

"这笔是我们的，这笔是我们的，这笔是我们的……"

呼叫声像是晴空里的霹雳，一大片黑压压的人群快追上他了。

他急坏了，担心这笔很快会被他们抢走。就在这危急当口上，突然奇迹又发生了。

他手上的笔，一下变粗变大，还是那座塔。

塔很快又变了，变成了一把大扫帚。

不知是他变大了呢？还是他们变小了？他拿起那把大扫帚，像扫垃圾那样，把追上来的黑压压的一片人，统统扫到那条波浪滔滔的宽阔大江里。

糟糕，那些人都变成毒蛇了，它们一条条游上岸来。他想跑也来不及了。一条毒蛇，紧紧缠住他，张开大嘴，吐着火红的尖尖的舌头，要咬他了。

毒蛇还会说话哩！它叫着："把笔给我，快把笔给我……"

马良紧紧地抓住笔，毒蛇向他一口咬来。

他惨叫了一声，原来是个梦哩！

7. 笔梦

夜色苍茫，星移斗转。在淡淡的月光中，马良独自一人，来到一个黑森森的树林里。

四周非常静谧，只有小虫们在草丛石堆里发着嘶嘶的叫声。

马良踩着软软的堆满树叶的松土，漫无目的地闲逛。他也不知道自己为什么要到这里来，只是缓缓地走着。但是，他的心绪不像他的脚步那样轻快，因为他还没有一支笔。

风吹着，有些凉意，他站住，想往回走。

突然，在树林间，响起一种像硬果壳炸开似的声音，哔剥，哔剥，闪烁起东一团西一团的银光，好像有许多流星落在这树上。

马良定睛一看，这不是树林，他原以为这些都是树木。这竟然是一支支插在地上，或者说是从地下涌上来的笔啊！

有红的笔，有绿的笔，有黄的笔，有蓝的笔，有紫的笔……长短粗细，整齐划一。

好像头顶的天，一点点压低了。天成了房屋的盖子，笔成了柱子，这是一间很大很大的屋子。马良在这屋子里，感到很暖和。

很快，天就上升了，回到原来的高度去了。而这些柱子又变成了一支支大蜡烛。

萤火虫，成群结队的萤火虫飞来，在蜡烛顶上不断地划着一个个银色的荧光弧圈。很快，所有的蜡烛一下都点亮了。

蜡烛是七彩的，蜡烛的火焰也是七彩的，蜡烛火焰所发出的光芒也是七彩的。

睡觉的小动物们，山鸡、野兔、松鼠、小猴、蝙蝠、岩鹰、喜鹊、青蛙，这些走兽，这些飞鸟，这些爬虫，都出来了，叫的叫，唱的唱，飞的飞，跳的跳，气氛十分活跃。

马良细细一看，这柱子，这蜡烛都是笔啊！

马良细细一想，这笔的用处真大啊！在寒冷的时候，笔会带给你温暖。在黑夜里，笔会带给你光亮。笔会带来很多很多，所要的一切……

他好像悟出了什么道理，自言自语起来："人，都应该有笔啊！"

说这话的同时，他试着去抱一支笔，他想带一支笔回去。

他还没有拔出一支笔，他的话刚落音，半空中又响起了一个可怕的声音："这笔，不能给你！不能给你！……"

一霎间，天又变黑，变冷了。那个可怕的声音刚刚说完，这些笔，竟变成一排排的木栅栏，将马良团团围住了。

他急坏了，想从木栅栏上爬出去。可是，四周的木栅栏却一齐朝着他倒下来，变成了一排排尖尖的铁枪、铁刀、铁剑，已顶着他身体的四周，他一动也不能动了。

他一惊慌，出了一身汗。原来，又是一个梦。他醒过来了。

一个个噩梦纠缠他，折磨他，他天天在做这样那样的梦。这些梦都和笔有关，可是他还是没有一支笔。

他多么想有一支笔啊！

他说，人不能没有笔。他多么想为所有没有笔的人，都争来一支笔！

8. 白胡子爷爷

马良想有一支笔，想出病来了。他终日精神恍惚，茶饭不思，人越来越瘦，双眼深陷，额头更显得突出了。他外出时常常戴的那顶斗笠，变得越发大了。白天，他干活、学画，仍不间断，却感到愈来愈疲乏，体力上渐渐支撑不住了。晚上，还要做有关笔的梦，一次次从睡梦中惊醒过来，身上都是湿淋淋的冷汗。这孩子，会受得了吗？

有一个晚上，马良实在太累太累了，一躺下来，就迷迷糊糊，像是睡着了，又像是没有睡着。

他在等着做梦，因为他生活在一个笔的梦的世界里。他害怕做噩梦。他希望做一个好梦。自然，做不了好梦，他也情愿做噩梦，因为不论是好梦、噩梦，他都和笔在一起。可是梦和生活一样，他没有一支笔，在梦里也得不到一支笔。

他开始进入梦境了，也许已经进入梦境了。可是他的感觉一会儿松弛，一会儿紧张，神志一会儿清楚，一会儿模糊……

忽然间，漆黑漆黑的窑洞里，亮起一道白色的光柱，炫得他睁不开双眼。一个白胡子老人，站立在他面前。

这老人，他好像见过，又好像没有见过。是在城隍庙见过的那位热心的过路人吗？好像是，又好像不是。是在文昌庙见过的那位热心的过路人吗？好像是，又好像不是。

是在大富贵笔庄赠他钱的那位好心的过路人吗？好像是，又好像不是。他揉揉眼睛再看——老人的白胡子很长很长，几乎快拖到地上，头发、眉毛都白了，穿着一件黄色长袍，宽宽的袖子，腰束一条黄带，脚下是一双黄色云鞋，手持一根鹤头拐杖，像是戏中出现的那种神仙。老人也不住地捋着他的白胡子。

他不知道这位老人是谁，更不明白这位老人来做什么。他感到惊讶。

他想，是做梦吧！梦里什么古里古怪的事，都会出现。

只听那老人开口了，他一字一句，慢慢地跟马良说："马良，你是个好孩子，你应该有一支笔了。我送给你一支笔，这是一支神笔，你要好好去为那些没有笔的穷苦人画画……"

说着，他从衣袖里取出一支笔来，递给马良。

马良见老人真的要给他一支笔，却不敢去接，而是有些害怕。因为他在生活中为有一支笔而受到的欺凌和侮辱，实在太多了。连梦魇也折磨他，让他做一个个没完没了的噩梦。他不知道这位老人是真是假，是不是那些不肯给他笔的坏人扮的，变的。他犹豫不决，手伸出去，又缩回来，颤颤巍巍的。

"孩子，快拿去吧！千万不可丢失呀！"

马良这才把老人手上的笔接过来。

"老爷爷，我……"

马良的话还没有说完，白色的光柱顿时消失了，那白胡子老人也不见了。窑洞仍旧在一片伸手不见五指的漆黑里。

马良只当又是一个梦，又是一个奇怪的梦，不过是个好梦罢了。可是，怎么，他手上好像真的拿着什么呢。

他赶紧点燃一支松明，他手上拿着的真是一支笔啊，一支真正的笔。这笔和他在画馆里、笔庄里见到的笔，一个样。黑色的笔杆，白色的笔头，就是他想要的、想买的那种笔啊！

"这不是梦，这不是梦，这不是梦。"

马良急忙跑去打开窑门，想找那位白胡子老爷爷，向他道谢。可是窑外一片漆黑，哪儿有白胡子老爷爷的踪影呢？

他不无歉疚，自言自语："老爷爷，我还没有谢过您呢！我真有支笔了，我一定要为天下没有笔的穷苦人画画。人在笔在，决不会叫它丢失！"

只听见窑外黑暗里，那白胡子老爷爷的声音："好孩子，你这样，我就很高兴了！"

一阵风吹过，老爷爷的说话声便随之消失了。

9. 我有一支笔啦！

马良的病一下全好了，再也睡不着了。他压抑不住心底的高兴，三步并作两步跑出窑洞。他一路跑，一路大声喊着，叫着："我有一支笔啦！我有一支笔啦！我有一支笔啦！"

风把马良的喊叫声，送到了村中每一个睡着的乡亲的耳朵里。

乡亲们不知出了什么事，都竖起耳朵听。

他挨家挨户去敲门，把伙伴们都叫醒，告诉他们："咱们有一支笔啦！咱们有一支笔啦！咱们有一支笔啦！"

这时，才半夜呢！

伙伴们都来了。大伯、大婶们也来了。连上了年岁的大爷、大娘们也来了。后来，大大小小的孩子们也来了。

年轻的扶着老人，年长的揽着孩童，都赶到村口的场上来了。

夜，很黑，没有星星和月亮，大家簇拥在一起。有人掌来一盏油灯，几个人挡住风，在闪动的微弱的灯光里，乡亲们传递着这支笔，你看看，他摸摸，有的拿在鼻子上闻闻，有的放在耳朵边听听，大家太高兴了。

有人将这笔抚弄了一下，马上交还给马良，说："马良，你快拿这笔画一个什么吧！"

正说着，那盏油灯被风吹灭了，大家说："对，马良，你画一盏风吹不灭的大红灯笼吧！"

"好。"

马良用这笔画着，正要落笔，笔突然变得沉重了。马良想，再重也要画呀！他每日里不间断地苦练，本来就已练就了好臂力，好腕力。这时，他心里一着力，心力体力一齐用，不管笔重千斤，也高高举起，在村口墙壁上，疏疏几笔，就画出一盏大红灯笼。

想不到马良的笔画到灯笼的最后一笔，这大红灯笼，真的亮起来了。

"这笔好哇，画什么变什么！"

"这是一支神笔啊！"

"神笔，真神呢！"

大家惊异得呼叫起来。

一盏真的大红灯笼，高高挂在村口上。

红红的灯笼，发着红红的光，照得大家的脸上、身上都红彤彤的。

那灯笼里的红蜡烛的火光，还一闪一闪地抖动着，发出吱吱的吸油的声音呢！

夜风，一阵接一阵扑面而来，吹得红灯笼摇摇晃晃，却没能吹熄灯笼里的蜡烛，灯笼的红光依然明亮地照着大家。

马良太高兴了，他将那支笔举在头顶，在场地上绕着大家一圈一圈地跑，嘴里叫着："这真是一支神笔！"

大家互相庆贺、道喜，都说："太好了，咱们有神笔啦！"

有人说，送这笔的一定是个神仙。也有人说，马良想笔，感动了神仙。

大家拖住马良，一定要马良把那老神仙的模样儿说出来，马良细细说了。大家又要马良把那老神仙说的话，一字不漏地背下来，马良也背了。

大家议论了一阵，都说："这白胡子老神仙，准是个笔神。不是笔神，哪来的神笔呢？"

马良手捧着这支神笔，他忽然想起这神笔来得多么不容易啊！

他想起那么多的磨难，心头一阵痛楚，鼻孔一阵酸麻，泪水夺眶而出。他哭了，呜呜地哭了。

村里的乡亲们都明白，见马良哭了，也一个个哭了起来。

场上，一片唏嘘声……

10. 秋天里的春天

孩子们不理解，说："咱有神笔啦，干吗哭呢？要笑才是。"

大家这才停住哭泣，揩去眼泪，都说："对，咱们高兴，咱们高兴，要好好地庆祝庆祝。"

有个孩子拉拉马良的手，央求说："马良哥哥，我家的大公鸡给黄鼠狼叼走了，你画只大公鸡好吗？"

马良恢复了高兴的样子，说："好啊，让我试试吧！"

他在墙上，画了只大公鸡。果真，一只有着血红的鸡冠、金黄的羽毛、墨绿尾巴的大公鸡，从墙上飞下来了。

它扑着翅膀飞到村口的石桥上，伸长脖子，高声啼叫起来："喔喔喔——"

这画的公鸡一声啼叫，不想村里所有的公鸡以为自己睡过了头，都迫不及待地一只接一只抢着啼叫起来。

"喔喔喔——"

"喔喔喔——"

"喔喔喔——"

村前，村后，一片鸡啼声。

东边山后的太阳，也从睡梦中惊醒了，还当耽误了时辰，匆匆唤醒晨霞，叫它快些起身，忙着升上东天。

太阳还没有睁开眼睛，放射光芒，夜已感到不安宁了，只得提前卷起黑色的被褥，撒下一道乳白透明的雾纱，掩护它慌乱地离开。

天，大亮了。

场地上的人们，相互看得见各自脸上那兴奋的神色，喜悦的笑容。

有个孩子拉拉马良，说："会画鸟吗？画许多鸟好吗？"

马良用神笔画了许多鸟。鸟儿们扑扑翅膀，飞到树上去，站在枝头，对大家叽叽喳喳唱起好听的歌来。

有喜鹊，有八哥，有柳莺，有燕子，有百灵，有黄雀，有翠鸟……

马良在山上砍柴时，画过许多许多鸟，他能画许多许多鸟。

有个孩子拉拉马良，说："会画鱼吗？画许多鱼好吗？"

马良用神笔画了许多鱼。鱼儿们甩甩尾巴，游到河里去，浮在水面，对大家一摇一摆跳起好看的舞来。

有鲫鱼，有鲤鱼，有鲈鱼，有青鱼，有草鱼，有银鱼，有黑鱼……

马良在河边割草时，画过许多许多鱼，他能画许多许多鱼。

孩子们高兴得像鸟那样唱起来，像鱼那样跳起来。

马良见大家兴致这么高，索性用神笔在村口，在河边，画起许多许多好看的花卉。

有兰花，有牡丹，有绣球，有合欢，有玫瑰，有凤仙，有丁香，有山茶，有吊钟，有凌霄，有迎春，有蔷薇……

那个曾经送他木笔树的伙伴说："马良，你画木笔树呀！怎么不画木笔树呢？"

"好，画木笔树，画许多许多木笔树。"

马良在村子的四周，画起许多许多木笔树，木笔树都开着花，木笔树将整个村子都围起来了。

在空着的地上，马良又用神笔抹上一片片鲜嫩的绿草。

在秋天，马良用神笔画出了秋天里的春天，生机盎然的春天。

马良有神笔了，他总是想给乡亲们画些什么，他问大家："大爷、大娘们，大伯、大婶们，大兄弟、大姐妹们，你们要什么，我就给你们画什么，你们缺什么，我就给你们画什么。这神笔，是大家的。请大家说吧！说吧！……"

有一家没有犁耙，马良就给他们画犁耙；有一家没有耕牛，马良就给他们画耕牛；有一家没有水车，马良就给他们画水车；有一家没有骡子，马良就给他们画骡子……

马良不停地给乡亲们画，不停地给乡亲们画……他的手腕酸了，他还画。他的臂膀肿了，他还画。他的全身都痛了，他还画……

有神笔了。村里的人们，日子一下都好过了。

可村里的穷苦人中，也有贪心不足的人。有个年纪不大的后生，气力不肯使在地里，长年混到外乡去游荡。他得知马良有了一支神笔，就天天来找马良，先是让马良给他画口锅、画张床什么的，马良都画了。后来，索性要马良画粮食、画房屋，还想要马良画个俊俏的媳妇。这怎么成呢？这使马良为难了。村里一位老人知道了，狠狠数落了那后生，说神笔要是画粮食、房屋……大家不是都成了懒虫啦！能这样吗？这不是帮助穷苦人，而是坑害穷苦人啊！

神笔能画什么，不能画什么，马良明白了。

后来，有人来哄他，说："马良，你多画些钱财，不给大家使，你买田买地，开家大店铺，也做个大财主吧！再画些钱财，你去买个官做做，一生荣华富贵，享用不尽啊！"

马良感到这是污辱他，很生气，脸涨得绯红，将他赶走了。

一个人享福，看着大家受苦，他说，这不是他马良。

晚间，马良做梦，那白胡子老神仙称赞他，说："马良，应该是这样！"

11. 懒女人和赌博鬼

前村有个懒女人，不爱干地里的活，也不养猪养鸡，也不缝缝洗洗，就爱躺在床上睡懒觉。她家男人吃不消长年累月地服侍她，就带着孩子和她分开过日子。

这样更糟了。她索性成天睡觉。她住的那间屋子里，那个乱呀，那个脏呀，就没法说了。

她来找马良，让马良去给她画床厚棉被，这样可以睡得更暖和些，还要他画扇不透光的窗，关着窗，大晴天屋里也像夜里那样暗，不会打搅她睡觉。

马良照着她的话都画了，她欢欢喜喜地送走马良，回到屋子就要上床睡大觉。

她一进屋，就有许多许多蚊子往她身上叮；她一上床，就有许多许多跳蚤往她身上咬。她怎么也睡不着了。

懒女人只得起来，可是蚊子又饶不过她。她立也不是，走也不是，坐也不是，睡也不是，难受极了。

一连三天，懒女人实在过不下去了。她开始拍打蚊子，可是屋子里十分暗，蚊子躲在角落里，光听见蚊子嗡嗡叫。她赶到这个角落，蚊子飞到那个角落；她赶到那个角落，蚊子飞到这个角落。她只得打开窗户，让太阳光照进屋里。这样，她就可以看见蚊子了。

她又开始抓跳蚤，可是跳蚤机灵得很。一翻开被褥，它就跳到床下。到床底去抓它，它就满屋跳。难抓得很哪！她只好把地上角角落落都打扫个干净，又将床上被褥放在外面阳光底下晒上一整天，身上衣服都换下洗洗浆浆……

这样，女人变得勤快了，毕竟她原来也是个手脚麻利、长得标致的好姑娘家。她想通了，后来主动到地里去帮她男人干庄稼活了。

自然，男人和孩子都搬回家来住了。

有人说，蚊子、跳蚤治懒病。那女人知道这蚊子、跳蚤原来是马良用神笔画的。她不但不生气，反倒十分感谢马良用神笔帮助了她。

马良呢，向这位大婶道了歉，也给他们家画了一些鹅、鸭，让她在家里养起鹅、鸭。不想这女人，还会纺纱织布，描红绣花，心灵手巧，能干得很哪！

后村，有个赌棍，本来也是个庄稼汉，自从染上赌博的恶习，把祖上传下来的一份田地也卖了。他女人跟他没法过了，另外嫁了人。他也赢过，但他把赢来的钱和那些酒肉朋友们一起吃喝掉了。

他更多的时候是输家，输了想翻本，愈想翻本愈输得厉害，最后欠了一屁股的赌债。

他听说马良有支神笔，画什么能有什么。他半信半疑，也到马良的村里来转转。

他一看马良住的还是破窑洞，往窑洞里一张望，没有一样好东西。他心里就嘀咕，嘴上也说出来了："还说发迹哩，要是神笔真灵，他还这样寒碜吗？不信！"

正好马良从外面回来，马良见一个陌生人在窑洞门口转，便问："大叔，你找谁啊？"

那人朝马良上上下下打量了一番，用怀疑的口吻说：

"你是马良吧！你能给我画点什么吗？"

马良不明白他的来历，含糊地答应："好吧！如果我能画，一定帮你画。"

那人思忖了一下说："有样东西，你能画吗？——我想有支神笔，你用神笔帮我画支神笔吧！"

马良摸不清他的用意，说："神笔，怎么能画呢？如果你要笔，我可以给你画支笔。"

那人哈哈大笑起来："我要笔干什么呢？我知道你不会画神笔。实话告诉你，我是一个赌鬼，笔对我没有用。我要用神笔去画赌本，我要把输掉的财物翻回来。我知道你帮不了我的。"

马良这才想起，听人提起过，后村有个庄稼人，是个赌鬼，不想现在就站在他面前。马良就说开了："大叔，你也是个庄稼人，怎么可以去赌博呢？"

那人长长叹了口气，说："为什么？——穷呗！"

马良心里不好受，迟疑了一会儿，说："大叔，咱们都穷，可要争气啊！人穷不能气短哇！从来没听说赌博能救咱穷人，愈赌只会愈穷，你……"

那人恼羞成怒了，大声骂起来："你小子，又不是什么官，竟然管起大叔来了！你别多嘴多舌了。大叔最近手气不好，给我画个财神吧！你肯不肯？"

马良被那人抢白了几句，没有办法，说："我只能给你画张财神像，灵验不灵验，我不知道。不过，如果财神爷保佑你赌博总是赢，那么这财神爷也就不是一尊好神仙了。"

说着，马良用神笔画了一尊财神像，那人带着几分满意的神情，捧起财神像走了。

村里的老人们责备马良说："你怎么能给一个赌棍画财神呢？"

马良笑笑，回答："这尊财神像或许能帮助他！"

果然，这赌棍仍是天天去赌，愈赌愈输，愈输愈赌，再也翻不了本啦。

在赌场中，他受冷落，谁也不理他，说他是晦气鬼。他只好眼巴巴地看着别人用大把大把的钱财，在赌桌上押"青龙"、押"白虎"。他心痒、手痒、浑身痒，真难熬。

这天他实在按捺不住，捧来那金闪闪的财神像，看得准确，往"青龙"这边押上去，嘴上还大叫："青龙，一定是青龙！"

开宝的赌头，见是这个晦气鬼，拿了尊泥像来押宝，很生气，一拳砸过去，把财神像砸碎了。他吆喝道："什么青龙？走开走开！"

"青龙，青龙……"

宝一开出，果然是"青龙"。可就在这时，从破碎的财神像的泥坯里，蹿出一条半尺长的绿色小蛇，这是那号极毒的"竹叶青"蛇。

"青龙，青龙……"

赌徒们个个吓得脸色如土，逃散开来，纷纷说："幸亏是'青龙'，要是叫'白虎'，真跳出只白虎来，大家都没命了。"

也有人跪下来，说："财神息怒，我等多有冒犯，以后再也不敢赌博了。"

那个赌头，正好扑在赌桌上，伸开两臂去划压在宝周围的钱财。那小青蛇张开嘴，伸着舌尖，对准他的下巴咬了一口。他下巴连同下嘴唇立刻肿胀起来，脸上像挂了个球。

赌头满以为他得罪了财神爷，生了一场大病，不敢再开赌局了。

那个赌徒，自然也不再赌了，可是赌债总是要还。

他无路可走，只得又来找马良。

马良也没有说他，还是热情地为他画了一些种地的农具和一些生活上的用具。

这赌徒，本来就不是个懒汉，又开始起早摸黑地干起活来了。

马良的声名，在邻近的乡里大振。

12. 装进一只麻袋

呼呼的西北风紧紧吹着，将马良有支神笔的消息，传到了村外，愈传愈远，很快就传到了远处那个财主的庄园里。

财主不相信，说天底下从没有听说过这等怪事，用笔画的东西能变成真的。他说："一定是那叫马良的小伙子在装神弄鬼，哄骗钱财。"

但他也熬不住，偷偷命尖下巴画师混进那村子去探听虚实。

马良村子里的老人们，阅历多，知道马良有了支神笔，也会招来一些灾祸，那些坏心肠的财主们、官家们，会来制造种种麻烦。他们跟马良说："马良，可要小心啊！俗话说，宝不可外露，你那神笔画画时要隐蔽一点才好！"

年轻的马良不信，也听不进去。他说："这神笔，是咱的，咱爱怎么的就怎么的，谁管得着？谁来说什么，可以跟他讲理嘛！咱正人正事，立得正，坐得正，怕什么？"

他不只是给他们村里的乡亲们画，也给邻近村落里的穷苦人画。

他画了东村又西村，画了南村又北村。只要是穷苦人家要的，他都画。

他画过一个村子又一个村子，愈画愈远了。

他天天背着那个斗笠，腰间插着那支神笔，走家串户，给人们画画。

他在外村，自然要接触一些生人。他不知道，财主已派那个画师乔装打扮，充作穷苦人，实地调查过他一番。

画师回去禀告财主，说这是千真万确的事。财主立刻说："这不行，绝对不行，不能让他们有这支神笔。他们怎么可以有神笔呢，神笔不能是他们的。快派人，去叫马良把神笔送来。"

财主派了个家丁，拿了财主的帖子去找马良了。

家丁一进村，马良问过情由，就把他打发走了，说："我和你家主人没有什么干系，这笔也和你家主人没有什么干系，为什么要我把笔送给他呢？这毫无道理！"

财主听了家丁的报告，拍桌打凳，十分恼火。他和画师一商议，说："马良这小子，多派几个人去，一定要把他抓来。"

画师在财主耳边，悄悄说了几句，财主又吩咐说："要在夜里抓，要在村外抓，手脚要利索一些。"

这是个大雪纷飞的黑夜，四个家丁知道马良到了远处的村落里，他们就埋伏在村外路边的一座木桥下。

马良给一个老奶奶家画了副石磨。要过年了，老奶奶想磨点面粉，等长年在外打短工的儿子们回来，好做上一顿饺子。

马良画好了石磨，还帮老奶奶磨完面粉。老奶奶要马良先尝尝她做的饺子，马良不肯，戴上斗笠，插上神笔，迎着风雪走了。

雪愈下愈大，路上行人稀少，马良踏着大步，在回家的路上走着。

马良走着，走着，走近木桥的时候，发现河滩上有憧憧黑影。他心里想到，也许会出事。于是，他忙把斗笠取下，将神笔扣在斗笠的夹层里，牢牢地系在背上，便转过身子，回头走了。

那四个家丁，已等待多时，一见马良不过木桥，转身走了，立即扑了上来。

他们人多力气大，把马良捆了个结实，嘴里塞进一团布片，将他装进一只厚厚的麻袋，扎紧了袋口，甩在一条毛驴的背上。马良不能动弹，又无法喊叫。

他们怕马良闷死，拿一根细竹管，戳进麻袋，要马良咬住竹管的一头。

这样，马良就被他们当成货物，神不知鬼不觉地带进了财主的庄园。

13. 桀骜不驯的野马

▶名著导读课堂
▶作家故事影像
▶阅读技巧点拨
▶漫游世界名著
扫码获取

马良被松去绑，带进财主家客厅。

马良一看，财主原来就是在大富贵笔庄里见过的，那五短身材、矮矮胖胖的家伙。

财主皮笑肉不笑地装出一副礼贤下士的样子，说："马良，我们把你请来，是想栽培你。你不是很爱画画吗？我特地为你从京城请来一位名师。我向来是很爱才的。"

他向两旁立着的家丁吩咐说："请先生。"

画师，那个尖下巴的画师，早已弓着身子，伫立在财主身后，谄媚地说："我们的员外，真是个伯乐。我们的马良，真是一匹好马。马良快谢过员外。"

财主虚情假意地推让着说："哪里，哪里。——马良快拜见先生。"

马良见他们那装腔作势的丑模样，恨死了，说："我不想求你们什么，我也不想拜这样的人为师，你们让我回家。"

财主转了转肥肉包裹着的小眼睛，说："好，你不愿拜他为师，那么我就叫他拜你为师。我聘请你为我们画馆的画师，让你住高楼，顿顿吃大鱼大肉，每月给丰厚的薪俸。你不必回家了。"

那画师竟然也说："马良，拜你为师，我愿意，我愿意。"

马良感到恶心，实在没有什么可以多说的。

财主见马良不作声，以为马良动心了，就说："好吧！就算是我求你了。马良你就给我画金元宝吧！不过，每天给画十个。"

马良心里觉得好笑，嘲讽他："我是个穷娃子，只配扶犁拿锄，捏泥挖土，能画的也只是犁耙锄头这些和泥土打交道的东西。你求我替你画金元宝，我从来没有画过，我见也没有见过金元宝，我不会画。"

财主一听，以为马良应允画了，面有悦色，把手一挥，说："好办，好办。来人，从库里搬个金元宝来做样子，拣最大的。"

两个家丁，扛了个大元宝进来，放在桌子上。财主要马良照着样子画。

马良自然不肯画，说："你家既然有金元宝，还要再画金元宝做什么？"

财主有点不耐烦了，说："这你就甭管了，快画吧！"

马良还是不肯画，就推说："没有笔，不能画。"

财主给马良一搅，搅昏了头，说："没有笔，好办。——你知道吗？我家祖上都是做笔生意的，那大富贵笔庄，许多地方都有，就是我家的产业。来人，拿笔……"

身后的画师赶紧提醒财主说："要马良用神笔画。"

财主知道乱了嘴，忙说："马良，我要你用你的神笔画。别再磨牙嚼舌的了，快画。"

马良索性闭起了眼睛，不理睬他。

财主压不住心里的火了，说："画呀！快画！你不肯画，我也要你画！"

马良仍是不肯画，又推说："那笔我没带，我又不知道你是抓我来画画的。"

说了半天，他还是不肯画，财主恼羞成怒，厉声喝道："你敢戏弄我！来人，抄他的身，我不信他没带那支神笔！"

进来两个家丁，马良一面把斗笠摘下拿在手上，让家丁抄身，一面嚷道："笔是我的，不是你们的，你们凭什么抄我的笔？"

财主一时接不上腔，画师又凑着他耳朵出主意，提醒他。财主说："神笔，是我们大富贵笔庄镇店之宝。你偷了，不，抢了我家传家宝。"

马良趁财主和画师交头接耳说话，将藏着神笔的斗笠从一只手转到另一只手。家丁在他身上都摸过了，连衣服都解开了，就是抄不出神笔，回禀说："他没有带笔。"

财主的愿望落空了，火冒三丈，骂了一声"混账"。他恶狠狠地吩咐说："就把这匹桀骜的野马，关在马厩里，我不信驯不服他！"

那四个家丁恶狠狠地推搡着马良，带往那关马的马厩。

14. 跳出两尺厚三丈高的墙

雪纷纷扬扬地下着，地上已积起厚厚一层。大地一片白茫茫。

马良被关在马厩里，门闩上了。马都被牵走了，另外送到保暖的场所。他们有意让马良在这风吹得进、雪飘得进的地方，艰难地度过这漫长的黑夜。

四周冰凉的冷气，冻僵了马良的手指、脚趾。风，还继续往他的袖口、裤管里钻。马良一会儿沿着墙壁来回地走，一会儿缩作一团蹲在角落里，索索颤抖着，鼻孔里流出了清水，喉咙也有些发痒了。

夜已经深了，马良一直没吃东西，连水也没有喝过一口。他又渴又饿，腹中叽叽咕咕地叫着，好像肚皮贴脊梁了。真难熬呀！

寒冷和饥饿，折磨着马良。马良好像失去了支撑，突然双眼冒金星，两腿又酸又软，朝前栽倒了。

"不能倒下！"

马良清醒过来，咬紧牙，摸着黑，吃力地从地上爬起来。他看看四周，听听四周，发现一无人影，二无声响，便摸过去，在栅栏木条上抓来几个雪团，咽下肚子。等稍微感到舒服一些，他又悄悄从斗笠里取出神笔，画起一堆枯柴，用火来驱走寒冷……

不想就在这时候，隔墙有耳。财主叫画师来查看，他们怕马良死了，再也找不到那神笔了。画师透过栅栏往里一看，见马良不知从哪里弄来了火，柴火熊熊，他还在柴火边上饶有兴味地咬着从檐口采来的冰凌。他知道这一准是马良用神笔画的，神笔在马良的身上。

马良也突然想道：糟糕，天明财主他们来查看，会知道神笔在我身上，他们一定会逼我为他们画金元宝。如果他画过一个，那么他们肯定天天要他画，无限期地为他们画下去。如果他一个也不画，那他们就会抢去他的神笔。

他想来想去都觉得不对劲，只有在天明前尽快设法逃出去了。可是怎么才能逃出去呢？难啊！

画师把看到的情景报告给财主，财主气极了，说："咱们让马良这小子给骗了！快去将他吊起来，抄出那支神笔来，神笔到了我们手上，就由不得他了！"

画师带了几个家丁，轻声摸到马厩，打开栅栏，猛扑进去。只见柴火还在燃烧，马良却不见了。

啊，原来马厩后面开了扇门，那是马良用神笔画的，马良从这个门逃出去了。

财主也带着家丁赶来了。他用灯笼照过雪地上的脚印，说："马良还在这院子里，庄园四周都是两尺厚三丈高的墙，他出不去。不能再让他画门了。"

画师领着家丁四处搜寻。果然，马良还没有逃出这院子。

他正在一堵墙上画梯子。墙高，他爬上一截画一截。

他已攀到了高高的墙顶，骑在高墙上了。

"快抓住他，夺下他的神笔！"

财主命家丁攀上马良画的梯子去追，马良用脚一蹬，梯子倒了。梯子上的几个家丁都摔了下来。

"墙外的沟，那样宽，那样深，他出不去。"

财主赶紧带着许多家丁打开庄园的门，从门外包抄过来。

马良不慌不忙，在墙上画起一根长长的竹竿，往沟岸上一撑，纵身一跃。他越过水沟和一长排灌木丛，落到地面上。

马良跑到了大路上。他想，回村子去肯定是不行的。于是，他向远处自己村庄的方向挥了挥手，默默地说了一句："伙伴们，乡亲们，再见了，我会回来的！"

冰刀霜剑紧相逼。借着雪光，他用神笔画了一匹大骏马。跳上马背，马良向雪铺的大路上奔去。

没有走出多远，只听后面一阵喧哗。马良回头一看，只见火把照得通明，财主骑着快马，手执一把明晃晃的钢刀，尖下巴画师在左，弯脊梁老板在右，带着许多家丁，追上来了。

眼看就要追上了，马良用神笔画了一张弓、一支箭。箭一上弦，"嗖"的一声飞出，正好射中财主坐骑的鼻梁。马一失蹄，掀将起来，把财主抛得高高，甩得远远。

这财主的胖身躯重重摔了下来，落进路边池塘，把池塘上结的冰打碎，沉到了水里。

家丁们赶紧救出财主，财主冻得硬邦邦的，家丁们只得抬起他回到庄园去，不敢再追赶马良了。

马良拍拍大骏马，大骏马放开四蹄，像飞一样向前驰去……

15. 兔子灯和猫

天大亮了，马良跑得很快很快。看着后面没有人追赶，他的心稍稍宽了一点，但他仍不敢松懈，继续往前跑去。

跑着，跑着，马良忽然看见前面路边有个男孩子在大哭。他妈妈怎么哄，他都不听。

这个男孩子看见马良骑着马过来，就拦在路当中，不让马良过去，哭着，叫着："你赔，你赔……"

马良赶紧勒紧缰绳，跳下马来，笑着问男孩子："你要我赔什么呀？"

那妇女忙喝住孩子，说："不要胡来。你弄错了，不是这位大哥哥。"

那妇女拉过孩子，忙赔不是，向马良解释说："大兄弟，是这么回事——刚才我从镇上给孩子买了一盏兔子灯回来，走到这里的时候，一个官府的差人骑着马经过，把兔子灯踩坏了，还用鞭子抽了我这孩子。"

马良摸摸男孩子的头，看看那被踩坏的兔子灯，说："这好办。我给你画一盏，画一盏大兔子灯，好吗？"

马良观察了一下四周，取出神笔，给那男孩子画了一盏大兔子灯。

这兔子灯太棒了，大耳朵会抖动，红眼睛能旋转，短尾巴一摇一摇的。那男孩子很高兴。

可那妇女的脸刷一下白了，轻轻说："大兄弟，你是马良吧！告诉你，那镇上贴着你的画像，说你有支妖笔，官府正在抓捕你呢！你赶快走吧！"

马良的心弦又一下绷紧了。谢过妇女，和男孩子招招手，他又跳上马，一溜烟向前跑去了。只听那孩子还在大声叫："大哥哥，你见了那恶差人，替我抽他三鞭子！……"

马良跑了一天一夜，累极了，就在一个村庄里停下。他想喝口水，歇一歇。

他走近一个草棚，只见一个老妇人伏在床上呜呜地哭，十几只小猫，像是她家的孩子，在地下，在床上，喵喵地叫，好像也很饿了。

马良不知这老妇人怎么了，就走过去问："老婆婆，你哭什么呀？"

那老妇人也不抬头，只是哭着，说："今年春荒时，我借了粮商家三斗粮。夏收时，我还他四斗。想不到他竟然还要我年前还他一石，明天来讨粮。我已经揭不开锅了，这十几只不懂事的猫，都张口要吃东西，赶也赶不走。我拿什么去还粮啊？"

马良一忖，这粮商也太狠心了，借三斗怎么要还一石呢？又问："那粮商家在哪儿呀？"

老妇人害怕了，说："他家就在村子的东头，你不能去找他，他和官府里的人是亲家，都凶得很哪！可得罪不起啊！"

"我不会去找他。"

马良向东头走去，很快就看见那座大宅院。

马良走近了，只见院后矗立着七八个大粮仓，囤积着许多粮食，还有狗看守着呢！几只狗从狗洞进进出出。

马良躲到墙角无人处，用神笔画了许多许多大老鼠，让它们从狗洞钻进去。

狗一见钻进来这么多大老鼠，便大声叫起来。

粮商一听粮仓的狗一齐叫，担心来了毛贼，要偷粮食了，忙赶来看看。一看粮食上上下下，爬满了许多大老鼠。这还得了！他忙用他的沙喉咙，叫起来："快来人抓老鼠！"

一家人都来了，有的拿木棍、铁棒，有的拿着刀、枪。可是大老鼠活络得很，爬上爬下，钻进钻出，这些大家伙怎么也碰不着它们。突然，大老鼠又一下都不见了，不知躲到什么地方去了。大家却已经上气不接下气，累得都趴下了。沙喉咙粮商说："明天买猫，买它十只猫！"

那管家摊摊手，说："一时到哪儿去买呀，哪来这么多的猫呀？"

沙喉咙粮商咬咬牙，说："谁家有猫，一家一家去问嘛！我出高价，三斗粮一只！"

马良都听见了，就回到老妇人的草棚里。那老妇人见了他，急急地说："你是马良吧？"

马良愣住了，他用神笔画老鼠没有人看见呀！

老妇人就说了:"刚才你进来,就给人撞着了,那人是村保。他说,你是马良,镇上正挂着你的画像,在抓你呢! 说不定,他已经去报官了。这村保人不坏,可胆子很小。你快跑吧!"

马良吃了一惊,官府追得可真快呀! 得赶紧离开。

临走时,他对老妇人说:"我是马良,我只好走了。明天,那粮商不会再收你的粮,并且还会送粮给你,只是你要将这些小猫给他。"

马良跳上马背,连夜走了,很快消失在夜色里⋯⋯

16. 他悄悄地走过

马良一路行走,这天来到一个山湾里。前有水,后有山,风光秀丽,是一个好地方。有人在这里建造了一座空坟,石碑上的字是红的,说明这坟墓的主人还活着,而且活得很好,很有钱。因为这座坟墓很大,一层层,像个戏台,外面围着大青石的雕花栏杆,占了很大一块地方。

马良想,这世界好大好大,对他来说却很小很小。他不知道能在哪个地方安顿下来,好好地用神笔画画。

可是,这里在缉捕他,那里在捉拿他,天下何处是他安身立足的地方呢? 世界太小了,容纳不下他。

这墓地带给他无限感慨,他仰天长吁:"太不公平了! 这些人,人还没有死,却已经为自己死后占了这么大块好地方!"

他看看天色渐晚,四周灰蒙蒙,显得阴霾。一派肃杀的景象！他的心里像是灌了铅，沉沉的。凛冽的寒风，吹着地上的黄叶，冷气逼人。放眼望去，已见不到路上有行人。只见墓地背后有一排小屋，大概是守墓人居住的家吧！

马良便跳下马，想走过去看看，能否在这屋子里休息一晚。

一进屋子，马良吓呆了，只见屋子里摆放着两具尸体。有位年轻人和他母亲抚着其中一具尸体，悲恸地啼哭。

马良走了进去。那年轻人见马良并不是官府的人，也不害怕。

马良问起发生了什么事情，年轻人就将这一切都告诉了马良。

原来这是他父亲的尸体。他家住在不远的村落里。今天一早，他和父亲出来，打算到山上去砍些枯枝回家当柴火烧。走过墓地，在石栏杆外的林子里，随手拾了几根枯枝。恰好这墓地的主人长脖子员外从城里带着家小，前来察看新建的空坟。长脖子员外硬说他们砍了他家墓前的树，破了他坟上的风水，两人便争执起来。员外抓住他的衣襟，要拖他去墓地里下跪。他不肯去，员外便按着他的头往石栏杆上撞。父亲心疼，护住他，员外便打他父亲。两个人开始扭打起来，滚到地上。刹那间，员外摸到他父亲腰间的柴刀，抽出来向他父亲挥去。他父亲死也不放，还是紧紧地掐住员外的长脖子。这样，他父亲和那员外都死了。员外的家小去报了官，谎称是他父亲掐死了员外，畏罪自杀了。他也去报了官，把事情的经过说了一遍。那官员责备他胡说，说员外既然被掐死了，怎么还会杀人？要他今晚好好看住尸体，明天派人来验尸查勘。官府派来守尸的官兵将两具尸体都拖进了这墓屋，掩上门，便到邻近镇上喝酒去了。他们母子才能偷偷进来，想再看他父亲一眼。因为官府说过，明天要将杀人者丢到山上。

马良听完后很气愤。看见那员外的尸体上盖着一床被子，而年轻人的父亲却什么也没有盖，马良心想，虽然死人没有知觉，但这也是世上的不公平。他取出神笔，画了一床厚厚的绣花大锦被，将年轻人的父亲盖起来。马良想，自己只能做到这一点，其他就难以帮上什么忙了。

年轻人唯恐官兵回来，不敢久留，就和母亲出了墓屋。他们邀马良到他们家住上一宿。

母子俩知道他是马良，因为县城的城门上就张贴着马良的画像，他们看见过。但他们也不道破，只是热情地款待马良过夜。

第二天，马良要告别了。年轻人希望马良再住一天，因为他想求马良帮忙：如果官府将他的父亲丢到山上，他希望马良能和他一起将父亲从狼口下抢回来。

不料，官府派来的人，只认阔绰不认人。他们把盖着绣花大锦被的年轻人的父亲当成是员外。揭开绣花大锦被一角，见有伤口便走了。官府判定年轻人的父亲杀人，员外头上有四寸长伤口，凶器为柴刀。

员外被官兵用那被子一裹，捆上绳索，驮在背上，送到山上去喂狼了。

年轻人没想到官府竟会那样糊涂、势利、偏心，也没想到由于马良画的绣花大锦被，事情颠倒了。

年轻人和马良赶上山去，他们隐蔽在岩石背后。官兵们在山上时，其中一个官兵发现有错，被子里裹着的竟然是员外。几个官兵商量了下，都觉得抬回去调换很麻烦，干脆将错就错。于是，几个官兵仍将被子裹住，从山顶丢下山谷去了。

年轻人和马良却不知情，等官兵走了之后，悄悄攀下山谷去。他们好不容易赶走抢食的狼群。随后，马良用神笔画了一只布袋，两人将以为是父亲的人装进袋中，抬出山谷，赶回家去。

他们远远看见，员外的墓地上，碑上的红字已经涂黑，员外家小，披麻戴孝都跪在坟前，啼啼哭哭。纸钱、锡箔、烟灰如蝴蝶漫天飞舞。

年轻人和马良将"父亲"抬进家门。年轻人迫不及待地打开布袋，揭去被子一看，怔住了！这哪儿是他父亲，分明是那个穷凶极恶的长脖子员外呀！

这会儿，他们知道埋在那阔绰墓地里的人是谁了。

年轻人和他母亲，总算出了这口气。他们非常感谢马良的帮助。

马良要走了。长脖子员外怎么办呢？

马良走的这天晚上，在县城的城门口，横躺着一个人，人们很快便认出是谁了。

员外的家小听说了，也派人来看过，但他们还是坚持说他们家的员外早已安葬入墓了。

官府听说了，他们说这就是那个要缉拿的马良。可是人们说，怎么和城门口挂着的马良画像一点也不像呢？官府又说，这是马良害的一个过路的叫花子……用的是妖笔画出来的一把快刀。人们说，可没有见刀伤呀？再说，马良干吗要害这个过路的叫花子呢？……

官府愈说愈不清楚，大家心里愈来愈明白。很快传出来，说马良确实来过这里，有人看见过他。但是，谁也不明白，马良从哪里来，又到哪里去，到这里来做了些什么……

马良，他悄悄地走过……

17. 关关卡卡

名著导读课堂
作家故事影像
阅读技巧点拨
漫游世界名著
扫码获取

马良跑了许多天。

许多风风雪雪从他马蹄底下过去了。

除夕过去了，大年初一过去了，元宵过去了……

他经过了许多关关卡卡，关关卡卡都挂着他的画像。官兵们注视着来来往往的行人。他们特别留意那些带有笔的人，因为在他们看起来，不应该有笔，带笔就是犯法。马良将神笔藏在斗笠里，斗笠戴在头上，将帽檐压得低低的。如果蒙不过去，他就走小道，绕过那些关卡。

这官府抓人倒是那样较真。他们细细对，细细问，说决不让马良溜出关。

不过，马良带着神笔，依仗着人们的帮助，一道关卡又一道关卡，都让他过去了。有的关卡，他是混在耍龙灯的队伍里过去的；有的关卡，他是坐在新娘的花轿里过去的；有的关卡，他是扮成阔公子过去的；有的关卡，他是戴上面具夹在送神的人群中过去的……

其实，马良的几次出现，并没有瞒过官府的耳目。因为在这个暗探众多的地方，他们派出一队士兵，装作平民百姓，紧紧跟在马良的后边。另外，到处都会有市井宵小随时向他们报告马良的行踪，领取一些赏银。然而，也有许多正直、大胆的劳苦大众给予马良帮助，才使得马良没有落入官府的鹰爪手中。

一次，马良来到一个市镇，想借宿一夜，不料却没有一家敢收留他，都叫他离开。原来，马良陷入追捕队的圈套，这座市镇里埋伏着许多官府的兵丁。

一位哑巴老人，给他送来了一套衣服。哑巴老人装作生病，马良充作老人的儿子送父亲去看医生，混出了市镇。

马良问他为什么要救自己。哑巴老人用手势和不清晰的音调告诉马良：他生了一场病，就不能说话了，但他听别人说过，马良有一支神笔，能画出穷苦人的心里话。他吃力地迸出三个字："自——己——人！"

马良谢过哑巴老人，骑上马，趁天黑跑了。

官府的兵丁们，见马良跑了，就跳上高头快马，追过来了。

马良听见了马蹄声，知道很快要被追上了。于是，他急忙取出神笔，在路两旁的大树上，横画出高一条、低一条的绳索。

官府的兵丁们胯下的马疾速地冲过，而他们却一个个被横着的绳索绊住，纷纷甩下马背来了，跌得"嗷嗷"直叫。他们只能眼巴巴地看着马良跑掉。

这天，马良来到一个地方，前面一个大湖拦住了他的去路，两边湖滩上却是水草丛生的沼泽地，行走不得。马良叫苦不迭。

人看得见湖对岸，却过不去。湖面上结着的薄冰，在冬日和暖的阳光下渐渐融化，显然无法从冰上踩过去。

在来时的路上，马良便觉察到有人在注意他，回头换别的路走也变得不可能了。

怎么办？画只木船吧，湖上没有一只船，突然出现一只船肯定十分引人注目，很容易被对岸官府察觉。麻烦极了！

他忽然想到了什么，于是取出神笔，在湖滩上画起了许许多多的甲鱼，并敲开一块厚冰。马良让这群甲鱼钻到冰块底下。

他知道这大骏马是带不走了，只好撇下它。马良一跃，跳上冰块，匍匐下身子，在身上盖一些枯草。甲鱼们驮着冰块，缓缓地渡过湖去。

追踪的兵丁，远远看见湖边的大骏马，欣喜地向左右两边包抄过来。大骏马一见来了这么多人，立即在湖滩上乱跑起来。

好多兵丁都陷进了泥泞的沼泽里，有的陷进半人多深，出不来了。

剩下的兵丁见大骏马背上没有马良，不知马良躲在何处，到处搜寻。可找来找去，还是没有找到马良的踪影。

兵丁们查看马良的脚印，见脚印一到湖边便消失了，但看遍湖面，没有发现一只小船。没有船，马良是绝对过不了这湖的。

于是，有人估计马良是踩冰落水了，或者是走投无路投湖了。很多人表示赞同。也有人不信，想到湖边冰层上去走走试试。没走出几步，一脚踩下，冰层破了个窟窿，一脚落进湖水里。湖水冰层底下，还有马良画的甲鱼呢。

甲鱼不知道伸下冰层来的是何物，你一口我一口地咬起来，还用力往下拖。这些兵丁，以为是马良变成了水鬼，在捉弄他们。他们又痛又怕，大声喊叫。

领头的兵丁，只得牵着马良的那匹大骏马回去领赏了，并说马良已经投湖了。

马良呢？他早已到了湖的对岸，行进在无人的荒野之中。

18. 我叫"冯郎"

马良小心谨慎，一一化险为夷，闯过了一关又一关。

关卡上没再见到他的画像了。他估计已走出这地界，才放慢了前进的步伐。

他实在是太倦了，走不动了，只得在一座城镇里歇脚。他住不起旅店，便找到镇外一个破落废弃的庙宇，在那里暂时栖身。

这破庙里，住的全是流落江湖的穷苦人。有的卖拳头，有的说大书，有的耍猴戏，有的变戏法，有的贩药材，有的捏面人，有的测字看相，有的卜卦算命……

为了生计，马良只得画了许多画，拿到街上卖。因为他唯恐被人发现，便不让画活起来，画成的东西，不是少张嘴便是断条腿的。

自然，他也不敢再用"马良"的名字了，他在"马"字前加了两点，说多两只眼睛，看看这世道吧！他在"良"字边加了一只耳朵，说多听听各种人的声音吧！他改名叫"冯郎"。

因为马良从小下过苦功夫，根底扎实，用的又是神笔，所以画什么都得心应手。他的画，很受大家欢迎，每天上他画摊来买画的人很多。

人们买到他的画，都很欢喜。但还是有人叹口气说："多好的画啊！可惜你不是马良。"

也有人悄悄地问过他："你是不是马良？"

马良赶紧否认，说："不是，我不是马良。"

因为买画的人多，他画得又快，所以收入很不少。他常常用这些钱，接济住在破庙里的那些卖艺人。自然，这些人的心也向着马良。一些地痞常来收捐寻事，他们会跟地痞去说情评理，要是地痞挑衅滋事，他们都会出场打抱不平。地痞见他们齐心，只得收敛三分。

马良在这里，虽然日子过得去，但他还是十分想念村里的伙伴、乡亲们。不知道他们是否平安，他的事有没有连累他们……

他知道，他们也一定很想念他。在街头摆摊卖画，面对街上走过的熙熙攘攘的人群，他多么希望能突然见到一个村子里的乡亲，能好好叙上一叙，乡亲能把家乡的消息带给他，也把他的消息带到家乡去……

他总是想，虽然有着这支神笔，但是他离开了家乡，又有什么意思呢？他学画，想有一支笔，难道只是为了自己能活着，或者活得好一些吗？

他非常想念家乡，可是回不去。他非常想念乡亲们，可是他不能和他们在一起。

尤其是在元宵、中秋这些家人团聚的佳节，他更是悲伤。他将心中的乡思寄托于画中。他常常独自在月光下画画，画家乡的山山水水，村村庄庄。他总是要画上那座古塔，而且也一定要在天边抹上一轮红日，让塔的黑影投到笔架山的山峰之间。他也没有忘记村子四周那些他用神笔画的、盛开紫花的木笔树。他只是不敢让这些画活起来。

每逢过节，他都要画这样的画，同时画几只鸽子，让鸽子带上他的画，飞向他的家乡。

可是鸽子去了都没有回来，也不知道鸽子是不是把他的画带到家乡了。

失望和孤独，时常袭击他的心，他心里非常痛苦。

和他住在一起的那些流浪艺人，虽然我帮你，你帮我，自己保护自己，但人人都有难处。常常有人喝得大醉，醉后放声大哭……

他发现，这世道，天下穷人一样苦。

那些坏财主，那些恶官吏，像凶神的两只魔掌，紧紧地扼着一代又一代穷人的脖子。穷人连呼吸也艰难啊！

19. 女孩子头上插着一根稻草

老天爷似乎也看不惯这世道，他干生气。天一干生气，地上就发生旱灾。

毒日头似乎一动不动地挂在中天，喷射着发烫的火焰，河床都已底朝天了。

很久不下雨了，地里的庄稼都枯萎死了。赤地千里，只听见人们在悄悄地叹息，低低地哭泣。饥饿和疾病，一齐向人们袭来。

破庙里住着的流浪汉们，一个个都离开这里，各自漂泊谋生去了。

马良卖画的收入，大多用来接济邻近的穷苦人。天灾一来，买画的人自然少了，他的日子也艰难起来。

这天，他收摊回破庙，见街坊围着许多人，只听人们在说："真可怜，这孩子。"

马良一听是孩子的事，就摘下斗笠，挤了进去。只见人群里立着一个女孩子，面黄肌瘦，穿一条破裤衩，光脚板。

那女孩子头上插着一根打结的稻草，马良明白了，她是要卖身。只听她向四周的人们苦苦地哀求着："谁要我，只换两只羊，两只羊……"

马良见过灾荒年头大人卖孩子的，却没有见过孩子自己卖自己的，而且，只换两只羊。一个水灵水灵的女孩子，还不值两只羊。他心里感到很不好受。

这年头，谁要买孩子？只有看的人，没有买的人。马良走了进去，问："小妹妹，你干吗要卖自己呢？"

那女孩子只当马良要买她，就说开了。她是山里人，父母都死了，家里只有一个瘸腿的爷爷。靠种千户家的地过活，今年天旱，早稻收成不好，家里实在生活不下去了，也没有什么东西好变卖，只好把自己换几只羊，让爷爷放放羊，过日子……

马良听得很伤心，周围的人们一个个也都眼眶发红了，可是谁也不想买下她。这年头，两只羊的代价也不是谁都出得起的。

马良很是同情，说："我去安放一下东西，就送你回家。"

那女孩很不情愿，害怕地说："我不回家。你别管我了。

请你行行好！"

马良知道女孩子不明白他的心思，只好说："好，我买下你——你跟我走！"

女孩子很高兴，在他面前扑通跪下，说："谢谢你。我会洗衣，会做饭，会缝缝补补，我什么活都会做。"

马良连忙扶她起来，要领她走。

马良将女孩子带到破庙。女孩子看马良连个家也没有，心里疑虑，但又不敢说出来。

马良来到无人处，取出神笔，给她画了两只羊，还给她画了一身衣服、一双鞋子和一些女孩子的日常用品。

那女孩子看到羊和这些衣物，心里更是害怕。她不知这马良究竟是何等人物，硬是不肯收受，并且一定要走，说："我不卖了，请放了我吧。"

马良知道这女孩子不了解他，担心他是个坏人。没办法，马良只好说他是马良，他有一支神笔，这些东西是他用神笔画的。小女孩还是不相信，马良只好当着她的面，用神笔给她画了只会飞的小鸟。小女孩这才放心。马良要求她，千万不要说出去。

小女孩听她爷爷讲过，说有个叫马良的孩子，有支神笔，画的东西会活起来。爷爷还说过，他们要是遇上马良就好了。不想这回，真的遇上了，她十分高兴。

马良赶起羊，亲自送女孩子回到远远的山里去了。

这女孩子，梳梳洗洗，穿上新衣新鞋，完全是另一个模样，显得十分俊俏可爱。

20. 两条狼狗

马良把女孩子送到家门前，不肯进去，连水也不喝一口，便连夜回来了。

可马良心里却老惦记着这女孩子和她的爷爷。他想，给她画了两只羊，两只羊即使卖掉，也维持不了多少天的生活；不卖掉吧，他们这些天吃什么呢？

他放心不下，摊也不摆了，戴上斗笠，去山里看望他们，准备给他们送一些钱。他们缺什么，就给他们画些什么。

马良来到那小村子，前脚刚跨进小女孩的家门，后脚便跟进来一个千户家的家丁，接着又进来了一个官府的兵丁。两个人都是肩阔腰粗的彪形大汉，凶恶得很。

小女孩才跟他爷爷介绍马良说："这就是那位送羊的恩人……"

她忽然看见后面进来的家丁、兵丁，以为是马良带来的，十分生气地说："你是假的，假的马……"

马良知道她误会了，连忙摇手，叫她别把他的名字说出来。这小女孩很聪明，就改口说成："你是假的，假的好人！"

马良赶紧跟女孩子和她的爷爷解释说："我和他们都不认识，他们和我没有一点关系。"

那家丁拍着胸脯，说："我奉主人千户的吩咐，来收地租。"

那兵丁双手叉腰，说："我奉官府上司的命令，来收官粮。"

两人都弹出眼珠，滴溜溜地朝四下里张望，看有什么东西可拿。

小女孩吓得不敢作声，老爷爷抱住小孙女，恳求说："两位大人原谅，今年收成不好，地租、官粮明年加倍缴……"

"不行。"

"得现在缴！"

两个凶如狼、猛似虎的大汉，就在他家里翻箱倒箧地抄查起来。

马良把一老一小护在墙角。眼看着这一对坏人蛮横无理地欺侮人，马良心里非常愤恨，却难以制止他们。

两个坏蛋，抄不到粮食，发现那两只羊，就把羊赶走了。

"这羊，不能……"

老爷爷和小女孩哭喊着要冲上去夺羊，被马良拦住了。马良说："让他们拿去吧！"

两个人一边赶这两只羊，一边却吵了起来。一个说："这两只羊顶地租还不够。"

另一个也不肯退让，说："这两只羊应该先抵官粮。"

"这羊顶租！"

"这羊抵粮！"

"没有我们官府，你们主人能发这么多财吗？"

"没有我们千户，你们上司能升得这么快吗？"

"这羊应是官府的！"

"这羊应是千户的！"

两个人争吵了一阵，不分上下，就把衣服一脱，往桌上一撂，相互拖着，走到门外晒场上。

"你要打架。"

"谁怕你，打就打。"

两个人就在强烈的阳光下，扭打起来，在晒场上推来搡去，可并没有真打。

马良看在眼里，于是便取出神笔，画了一根棍子，从窗口丢给那家丁。那家丁手上忽然有根棍子，一棍子拦腰打去。棍子打在兵丁的背上。那兵丁痛得叫了一声"哎哟"，骂道："好，你真的打我！"

马良又画好一条鞭子，从窗口扔给那兵丁。那兵丁手上忽然有条鞭子，一鞭子抽下来。鞭子抽在家丁的肩上，那家丁痛得叫了声"哎哟"，骂道："好，你真的抽我！"

这一来，家丁和兵丁动了真格，实实在在打了起来。愈打愈凶，愈打愈凶，最后没法收拾了。两个人都赤着膊，身上到处是伤痕。

打了约莫有半个时辰，两个人都累得不行了，也热得不行了，便一齐在屋檐下的阴影里躺了下来。

他们躺了一晌，叫小女孩送上两碗凉水，润了润嘴巴，又说起话来了。

"咱们不是一家人吗？打什么呢？"

"是呀，两只羊一人一只牵到家里去，不是很公平合理吗？"

两人和好了，一致说："咱们都受伤了，还得叫那老家伙出医药费！"

两人一骨碌爬起来，急忙进屋穿上衣服，想去赶羊。不料从桌子底下钻出来两条大狼狗，对着两人扑上来。两人回头一看，狼狗双爪就搭在自己的肩上。那狗嘴里，牙齿像钉子那样锋利，血红的长舌头，正舔着他们的脖子。

两人吓得连羊也顾不得了，拔脚飞奔逃了出去。

两人伤都不轻，走路一瘸一拐的，只好相互搀扶着，向来路逃去。

两条狼狗追了上去。原来，马良在两个坏蛋的衣服背上，画了两根肉骨头。当然，两条狼狗也是画的。狼狗闻到他们背上肉骨头的香味，就紧紧追上去，扑上去……

21. 纸鸟的坟墓

过了三天，马良依然放心不下小女孩爷孙俩，又戴上斗笠，翻山越岭，去看望他们了。

一路上，他回忆着那天赶走两个坏蛋后的欢乐情景。

老爷爷跷着大拇指，不断称赞马良，连说了三个"好样的"。

那小女孩则依偎在马良身旁，拉着他的手，说："让我跟你学画画好吗？将来可以给你当个帮手。"

老爷爷高兴地说："马良兄弟，你就让她跟你学画画吧！这孩子聪明，学什么会什么，她喜欢的东西多着呢！"

马良逗着她问："你喜欢什么呢？"

小女孩将辫子的尖尖咬在嘴巴里，抬着头，仰望着窗外蓝天上飘过的一片片云彩，飞过的一行行雁鸟，突然说："我想变成小鸟，像那天你画的小鸟，在天上爱怎么飞，就怎么飞……"

她边说边用一张纸，折成一只小鸟，要让它从窗口飞出去。可不巧，纸鸟撞着窗框子，掉落在地上。

她有些伤心。马良说："我给你画一只纸鸟。这纸鸟还会唱小曲。"

"你画，你画。"

马良摸摸她的头，说："这不是吗？她会唱好听的小曲，唱一个吧！"

小女孩子笑了起来。

马良来到小女孩家的屋前。这时，路边刚好走过一个要饭的老婆婆。老婆婆大概也是这个小村子里的人。她拦住马良，说："你不用进去了。他们家没有人啦！"

那老婆婆告诉他，那兵丁和家丁回去一报告，千户和官府一商量，立即派了许多差人来，以抗租抗粮的罪名，把老爷爷抓去坐牢了。家里的锅给砸了，灶头给扒了。小女孩追着拖住老爷爷的衣服不放，她要代爷爷去坐牢。差人们不要她。她不松手，在经过一个山崖时，给差人踢了一脚，便活活滚下路边山沟里去了。差人还说是她自己失足落崖的。

马良气极了，谢过老婆婆，还是奔进那屋子里去。屋子里，除了墙没有被推倒，顶没有被揭去，剩下的都被破坏了，东西零乱地散了一地。窗门在风里拍打着，发出凄凉的响声。

马良傻了眼，呆呆地站立着。风吹过来，忽然窗下地上那只小女孩用纸折的小鸟飞过来，飞上了马良的鞋帮。

马良俯下身去，将它拾起来，只觉得耳边响起那天小女孩的声音："我想变成小鸟，像那天你画的小鸟，在天上爱怎么飞，就怎么飞……"

马良立刻跑出去，他知道路边那条深山沟，拉着葛藤，下到深山沟的底部，想找到小女孩。

可是他在沟底的草丛里寻找了好几遍，一点踪影也没有。他只得缓缓地爬上来，十分伤心。

他觉得他没能帮助他们，反倒害了他们，心里十分内疚，很是痛苦。

他用双手，在山崖路旁小女孩滚落的地方，挖出一个泥坑。他的手指都蹭破了。他从衣袋里取出小女孩折的纸鸟，恭恭敬敬地捧着，埋进泥坑里。他手指上的鲜血，滴在纸鸟上，把纸鸟也染红了。

按说，马良完全可以用神笔，画一把铲子来挖土，但是此时此刻，他觉得用手指去挖，让手指挖破，让手指出血，心里才好受一些。马良埋好纸鸟，聚起泥土，做成一个小小的坟墓。

马良脱下斗笠，低着头，注视着这座小小的新坟，默念了一会儿，只好走了。

他心里起誓说，我一定要把老爷爷从牢里救出来。

可是，怎么个救法呢？

22. 小鹤飞起来了

马良老是想着小女孩和老爷爷的事，一直不安宁，心像被什么啮噬着，痛楚万分。他白天想，晚上想，吃东西想，睡觉也想。

这天，他正在街头摊上画画，来了一位主顾，说愿意出大价钱，请他画一幅双鹤图，准备送人。

马良先画好一只老鹤，血红的顶子，雪白的羽毛，乌黑的尾毛，伸着一条腿，昂着长颈挺立在一块大岩石上。马良正在画脚，背后吹来一阵风，他没有将纸压好，一角掀了起来，碰着笔尖，糟糕，鹤脚上有了一条长长的墨迹，像是一根绳子将鹤拴住了。他想起那被关在牢里的老爷爷，不也是这个样子吗？他用笔画了一些青草，将这条墨迹掩盖掉了。

纸的另一角，他画了只小白鹤。这小白鹤跟在老鹤的身旁，嘴张开着，像在跟老鹤说话。一副稚态，很是可爱。

马良想着，这小鹤应该是那小女孩吧！一点不错，他耳边响起她的声音："我想变成小鸟，像那天你画的小鸟，在天上爱怎么飞，就怎么飞……"

马良走神了，这大小白鹤，原来都不想画眼睛的，心一不在意，一滴墨水落下，正落在小鹤的脸上。

忽然，那小鹤眼睛一睁，扇扇翅膀，飞上天去了。

看的人，都惊奇地愣住了。马良还自言自语："飞吧！爱怎么飞，就怎么飞吧！"

这小鹤，似乎翅膀还不是很硬朗，飞得很低很低，也好像不愿意离去。它绕着市镇，一圈一圈盘旋，飞了许多圈，才冲上天远远飞走了。

这一来，许多目睹的人，就把这奇事传出去了。

一传十，十传百，没几时，整个市镇都传遍了。说街上有个卖画的年轻人，名字叫冯郎，有一支奇笔，能把东西画活。

有的人爱猜想，说："这冯郎也许是个神仙吧！很有道法呢！"

有的人不相信，说："这年头，冒仙充神的多着哩，说不定也是作假糊弄人。"

有的人也听说过马良的事，说："他兴许就是那个在逃的马良吧！"

有的人半信半疑，想掩护他，说："这可不能含糊，马良是马良，冯郎是冯郎，姓氏名字都不一样。"

有一天夜里，突然刮起风下起雨，他画摊的招贴上，"冯郎"两字的那两点和耳朵，偏巧给风雨撕下，变成"马良"了。孩子们还一个劲地叫他"马良"。他赶快将整幅招贴都除掉。

马良知道惹祸了，不能再在这里待下去，危险已走近他，他必须赶紧离开。

但是，他还没有能把那老爷爷救出来，他在小女孩的坟上起过誓，一定要救出她爷爷。所以，再有危险，他也不能走啊！

冯郎的事，很快已传到那歪头千户和大鼻子官家的耳朵里了。

他们也是信疑参半，喜忧参半，便差人以修葺庙宇为名，要马良离开那冷落的地方，住进一家可以看管的客栈。

马良不知他们的用意，便住进了客栈。

隔几天，歪头千户叫人抬来一顶轿子，来人连拖带拉接马良到他宅院去。

歪头千户的夫人要做四十大寿。歪头千户的夫人，也是个歪头。不过，一个朝这边歪，一个朝那边歪。因为千户好睡高枕头，他说高枕无忧嘛，年复一年，千户和夫人的头都睡歪了。歪头千户叫他画一幅仙桃图。这仙桃要画得很大，并且一定要画出很甜很甜的甜味来。

马良自然不愿为这千户画画，他提出一个条件，要千户免去老爷爷的地租，将他从牢里放出来。

千户答应了，说免去地租完全可以，放人要和官家商量商量，叫他尽快把仙桃图画好送来。

那顶小轿又将马良送回客栈去。

这件事又在市镇轰动起来了。

七传八传，传得有鼻子有眼，说他夫人曾经到破庙去烧香拜佛，因为这千户没有子嗣，菩萨显灵托梦给千户，要他们收冯郎作为螟蛉义子。冯郎已经进宅院去认了干父母。

谣言传到了马良的耳朵里，他气极了。他向别人一个个解释。

想不到，越解释，传得更快。许多人背后指指点点，说他是千户的干儿子。

23. 一幅仙桃图

马良一门心思要将老爷爷从牢中救出来，人们风言风语，他也顾不得了。

他画了一幅大仙桃图，在一个黑魆魆的晚上，亲自送到千户的宅院去。

他告诉千户说，这画只能用手轻轻摸，用舌头轻轻舔，白天不能打开，晚上也不可点灯看。

千户就叫夫人来，他们把灯都熄灭了。马良把画卷打开，两个人就摸起来。果然，这桃子有脸盆那么大，毛茸茸的，鲜嫩得很，他们不敢多碰，生怕指甲掐破果皮，淌出水来。接着，两个人又凑上去，用舌尖轻轻舔起来。果然，这桃子的皮外面，也很甜很甜，像涂有一层蜜。千户和夫人十分欣喜，说待做好寿，一定重赏。

马良不要他重赏，只要求他放出老爷爷。

千户还是那样一句话："放人，要和官家商量商量。"

过几天，千户的夫人寿辰之日到了。宅院的大厅里，华灯高照，摆开几十桌酒席。大厅的上首，搭起一个戏台，台后挂着个金箔大寿字红绸幔，筵席一开始，就有一些从外地延请来的艺人，在台上献艺、祝寿。

贵宾们都来了，自然都是有钱人和官府人，一个个都带来厚礼。

有的送绫罗绸缎，有的送金器银器，有的送珍珠玛瑙，有的送名人字画，有的送美食佳肴，也有送良工铸造的宝刀宝剑……

很快，各就各位，入座了。寿筵开始了。千户和夫人坐在中间主席的首位。

千户夫人打扮得雍容华贵，一身珠光宝气，金包银裹，除了头歪外，别的无可挑剔，真是个大户人家的贵妇人。

千户穿着当年为官时的朝服，腰上挂一把他说是皇上亲手送他的古剑，挺胸凸肚，威风凛凛，依然昔时气概。

酒过三巡，台上吹吹打打，拉拉唱唱，很是热闹，忽然千户和夫人来到台上，宣布说："我家新获一宝画，画的大仙桃，摸摸有茸毛，舔舔有甜味。不过，此画不能在灯下展开，必须黑灯摸舔。"

随即他吩咐侍候在旁的家人灭去所有灯火。他夫人很不高兴，因为今天是她寿辰，哪有黑灯祝寿的，说："就看这一回吧！让灯亮着吧！"

千户害怕夫人生气，不再坚持，就命家人将画送到台上来。在明亮耀眼的灯光下，他们两个轻轻展开，各执一端，并高高举起。好在两人的头都朝画的方向歪，好像一起在欣赏这幅好画。

好一个大桃子：血红的尖尖，金黄的皮，下面衬着几片深色的绿叶。这桃子真是毛茸茸的，皮薄薄的，好像蜜汁就要从皮里渗出来，绿叶上还有珠子般的露珠，像是刚从树上采摘下来的。

谁见了谁喜爱，人们吞咽着口水，都想上去摸一摸、舔一舔。

宾客很多，只能挨着次序，一桌一桌上台去摸、去舔。

灯火辉煌，厅里通明，千户和夫人高举画卷，宾客排成长队，上台摸桃子、舔桃子。这边上去，那边下来，很是热闹。

宾客们谁都想多摸摸，多舔舔，所以进程很慢。

开始，千户和夫人，还逐个向他们点头致意，后来渐渐皱起眉头，两手开始颤抖，头愈来愈歪了。

不久，千户和夫人，两脚开始踏步。

接着，千户和夫人，腰肢开始扭曲。

很快，千户和夫人，双肩开始耸晃。

后来，千户和夫人，索性浑身抖动，手脚抽搐，在台上一圈一圈跳起舞来，而且愈跳节奏愈快，台下宾客们以为千户和夫人太高兴了，跳起一种奇怪的舞来。

千户夫人头上珠宝散落了一地，千户的御赏宝剑也坠落在脚下，但他们仍在不停地跳，大家感到有些奇怪。

不想，在台下，凡上台摸过桃子、舔过桃子的宾客，也跟着这样跳起来。跳的人愈来愈多，几乎整个大厅里的宾客都这样跳起来。

他们像发了疯。千户和夫人索性把那张宝画也撕破了，台下宾客们把一桌桌酒席都推翻了，可是舞蹈还是停不下来。

原来，这仙桃里，叶子底下，爬满了一层层墨黑的大头蚂蚁。灯光一亮，惊动了它们，它们就四散爬开了。

有的从袖管往里钻，有的从鞋上往里钻，有的从领口往里钻，有的还从嘴角往里钻……

千户和夫人，首当其冲，全身都是蚂蚁了，搔得奇痒难熬。他们抓也不是，抖也不是，只好不停地跳。宾客身上也都有了蚂蚁，也只好这样跳着，不停地跳着……

原来，马良用神笔在画仙桃之前，洒上许多墨汁，画成蚂蚁，再在上面画仙桃。他算计到在寿筵上，他们会在强烈的灯火下展示这张画的。

果然，千户夫人的寿筵，弄成这副尴尬狼狈相。

好就好在千户他们不知道这些蚂蚁的来由，千户还责怪夫人硬要不灭灯打开画。因为马良事先告诉他们了，他们也无话可说。

可是，答应马良要放老爷爷的事，他们早已丢在了脑后。

24. 一张彩莲画

隔几天，大鼻子官家叫人抬来一顶轿子，来人连拖带拉接马良到他府第去。

大鼻子官家的三十岁女儿也是个大鼻子。大鼻子父亲，生个女儿也是大鼻子，这一点也不奇怪，天下女儿像父亲的太多太多了。

大鼻子小姐要出嫁，大鼻子官家叫马良画一幅彩莲图。这彩莲要画得很美，并且一定要画出很香很香的香味来。

马良哪里肯给这官家画画呢？因为老爷爷是被官家关在牢里的，他要求官家免去老爷爷的官粮，将他从牢里放出来。

官家答应了，说免去官粮完全可以，放人要和千户商量商量，叫他尽快把彩莲图画好送来。

那顶小轿又将马良送回客栈去。

这一件事，又在市镇轰动起来了。

七传八传，传得有鼻子有眼，因为这官家只此一女，想招婿上门，可谁敢应征这门官亲。为此，官家曾在府第楼门前，抛过绣球觅婿，可每抛一次，抛中者不是逃跑，便是死去。所以，这回说成是小姐叫人把绣球送给冯郎，官家要收冯郎为婿了，冯郎已上官家府第去拜见过岳父大人。

谣言传到了马良的耳朵里，他气极了。他向别人一个个解释。

想不到，一解释，传得更快。许多人背后指指点点，说他是官府的上门女婿。

马良一门心思要将老爷爷从牢中救出来，人们风言风语，他也顾不得了。

他画了一幅大彩莲图，在一个凉快的早晨，亲自送到官家的府第去。

他告诉官家说，这画只能挂在通风处，在远处用眼睛看，用鼻子闻，不可用手去碰，更不可使画晃动。

官家叫家人从花园里采来几枝莲花，插在瓶中，就叫女儿来比较。马良将画卷打开，摊在桌上。果然，满屋子清香，非常好闻。这彩莲，五光十色，很是妖艳。下面几片绿叶，像翡翠盘子那样晶莹。

花背还伸出许多个莲房，莲房中子实饱满。官家和小姐都非常高兴，称赞马良想得周到。小姐一比较，把真的莲花连瓶带花从窗口丢出去。官家说，待小姐完婚后，一定重赏。

马良不要他重赏，只要求他放出老爷爷。

官家还是那样一句话："放人，要和千户商量商量。"

一等等到寒冬腊月，官家小姐婚期到了。

这天，北风大作，花园里的池水结起了冰，池中的莲花早已枯萎，留下一些枯枝败叶，冻在冰块里。

厅堂里宴席还没有散，宾客们在喝酒行令。奏乐声中，"五子登科""独占鳌头""三元及第"的吆喝声，嘈杂交错，好不热闹。官家心里高兴，已喝得酩酊大醉，还和同僚们语无伦次地说话。

官家小姐向来任性，她厌烦这种虚假庸俗的应酬场面，拉了新郎回了房间。

官家小姐从床头一只锦盒里，取出那张宝画彩莲图，将它悬挂在帐子里。

她抓住那莲房，问新郎："这叫什么，你不懂吧！——我爹爹说，这叫早生贵子！"

话音未了，只听"嗡"的一声，莲房孔里飞出许多蜜蜂，落在新郎和小姐的脸上、身上，爬着、刺着，又痒、又痛，蜇得他们"哟哟"大叫。

可外面小丫鬟睡着了，也没听见。不想，那莲房里都是蜜蜂。帐里闷热，又受到惊动，蜜蜂便像一股烟似的飞出来。

他们打开门，跌跌撞撞滚下楼去，往厅堂里奔逃。

官家还在喝酒，听别人奉承的好话，见进来两个黑乎乎的怪东西，不知怎么了。

"爹爹救我……"

他听声音知道是女儿，见她满身蜜蜂，忙叫："大家来赶啊！"

官家拔出腰间带着的宝剑，挥舞着，可砍不中一只蜜蜂，却将蜜蜂招来，往他脸上飞。

带宝剑的都拔出宝剑赶，没带宝剑的只好用衣袖拂，蜜蜂"嗡"地散开来，往大家脸上飞去。

厅上所有人的脸上都爬着蜜蜂了。谁敢拍打一下，蜜蜂就蜇他。于是，有人喊："不能拍打，要用烟熏。"

有人将灯油倒在桌子上，让桌子烧出烟来。可太性急了，桌子一烧，冒起熊熊的火焰，很快大厅也烧起来。

官家他们脸上爬满了蜜蜂，一个个都抱着头，向花园逃去。有个人跳进了水池子，钻进了水里，蜜蜂全都飞开了。大家看见了，一个个都跳进那水池。腊月寒冬，池水冰冷刺骨，蜜蜂一飞走，大家又觉得冷得受不了。官家和小姐的大鼻子更大了，肿得像个油炸的麻球。可蜜蜂还在池子上空成团地飞，谁也不敢第一个爬上来。

原来，马良算计好，这彩莲图要被挂在密不通风的洞房里，所以他在画莲房时，画成了蜂巢，里面住着许多许多蜜蜂。

官家小姐的婚礼，办成这副狼狈尴尬的样子，谁也料想不到。

官家他们不知道这些蜜蜂的来由，只责备女儿没有把画挂在通风处，不该用手去拨动它。因为马良事先告诉他们了，他们也无话可说。

可是，答应马良要放老爷爷的事，又落空了。

25. 两只绿眼睛跟着他

马良虽然一次一次惩罚了那些坏财主和恶官家，但是他知道，这没有什么大用，还得随时留意提防他们的报复。他忧心忡忡，很是不安。

更使他不安的是，老爷爷还关在牢里，没能救他出来。

一天，他带了一些钱，把神笔藏在斗笠里，背起斗笠，去牢里看望老爷爷。

牢房很多，不知道老爷爷被关在哪一间里边。他只得花费钱财，一个个去打通，查问。

终于让他找到了，牢卒收了他的钱财，领他进入牢房。

马良见了老爷爷，很不好意思地哭了，说："我害了你们。我没有办法救你出去，我没脸见你啊！"

可是，老爷爷不这样看。老爷爷在牢里待久了，好像变了另一个人，懂得了许多。他说："救我出去，得给官府上上下下送钱财。不过，你救得了我，你救得了牢里这许多许多人吗？别的牢里我不清楚，这牢里我知道，他们许多人不是什么小偷，不是什么骗子，不是什么杀人凶手，他们是善良的小民百姓啊！"

马良看着一大间牢房里，拖着脚镣走来走去的，奄奄一息倒卧在地上的，满满一屋子一屋子，像圈里的牲口一般。有的也过来搭上几句话。

老爷爷继续说下去："这世道，就是出去了，在外边，过的也不是人的生活啊！自然，这牢房太小了，大家都盼着能出去。"

这一牢房人怎样才能出去呢？马良怅然了。也有牢友说了些办法，但都太难了。

牢卒催他走了，他只得快快离开。

马良回到客栈里，在深夜无人的时候，取出神笔，对着窗外蓝色的星空，喟叹说："神笔啊神笔！有了你，应该为普天下的穷苦百姓解除苦难啊！可是……"

他多么希望普天下的穷苦百姓，都有饭吃，都有衣穿，都有屋住……他多么希望普天下的富人多多体恤穷人，帮助穷人……他多么希望普天下的父母官能爱民如子，为民做主，为民办事，与民同甘共苦……可是，这一切，都让他失望和灰心……

虽然，牢中老爷爷的那番话，使他明白了许多事理，可是他不知道该怎么去做。

他迷惘，他焦虑……

他多么希望给他神笔的白胡子老神仙，能在这时突然出现。他多么希望回到家乡那个破窑洞里去，再在一个漆黑的夜晚，见到那位白胡子老神仙，求老神仙指点他，引导他。

他憋闷，他抑郁，他困惑……

他每晚做的梦都很恐怖。他的胸口总是像有一只很大很大的脚重重地重重地踩着，他呼吸都十分艰难。

在黑暗里，他总是看见有两只碧绿碧绿的妖怪般的大眼睛，一直盯着他。

真的，有两只眼睛，一直在跟着他。那就是那个和他较量过多次的尖下巴画师。他已经来到这个市镇里。

养画师的财主那次从马背上栽下，便受了伤，不久生绝症死了。画师成了丧家狗。小财主给了他一些钱，请他离开。他想回到京城去，找官府的门路，谋一份差事。自然，他也想过，能在画上做一番出人头地的事业。

他走过这市镇，说来也巧，忽然发现马良也在这市镇里。他立即感到这是个不可错失的发财、发迹的好机会，是天赐的良遇。他多么想突然冲上去，一把抓住他，送到官府里去，或者向官府密告，让官府来捉拿他。但他一想，这样，只是为他死去的主人出气，拿到一笔很有限的赏银。要是，不抓不告呢？马良有一支神笔。所以，他权衡再三，觉得还是后者有利，于是就在这市镇住下。他暗中跟踪马良，窥察他的往来行踪，一举一动，都记了下来。马良的一切，自然没能瞒过他。

有时，他也放出一些谣言打击马良，使马良不得安宁。那个风雨夜，是他撕掉"冯郎"两字的偏旁，吓吓马良。

他在窥伺适当的时机，出其不意地出现在马良眼前，一竿子捅下去，要马良非跟他合作不可。他想，马良这个毛孩子，跳不出他的手掌心。他很有把握，认为马良毕竟年轻、稚嫩，可以稳稳地操纵。

26. 借笔者

歪头千户和大鼻子官家吃了马良的大亏，都像哑巴吃黄连，有苦说不出来。

歪头千户夫人做寿，大鼻子官家也在，大鼻子官家女儿完婚，歪头千户也在。他们心里都明白，这是那个卖画的冯郎在戏弄他们。但这等事，应属家丑，很不光彩，双方都心照不宣，没有张扬出去。所以，也不好惩办冯郎，只得派人暗暗查访，要弄清冯郎的底细，想抓住一个机会，以另外的罪名拘捕他，重重处罚他。

至于两家的宾客，都是他们的下属和亲朋，巴结还来不及，怕得罪主人，自然讳莫如深。

马良唯恐被他们抓住把柄，自然也不会自己招认。

不过，马良的心弦绷得紧紧的。他知道，他的四周正满布着陷阱，只要稍不小心，走错一步，马上会掉进去。

外边，关于他的谣言愈来愈多，像一盆盆脏水，向他泼来。可以说，他已被谣言包围，陷在谣言的沼泽里了。

有的说他有支"妖笔"，有的说他有支"魔笔"，有的说他有支"鬼笔"，有的说他有支"怪笔"……总之，他也成为妖魔鬼怪……

那些熟悉马良的人，着实替他担心，也有人当面劝马良说："他们是挂宝剑的，随时可以叫一个人头颅落地，惹不得啊！"

可马良并不畏惧，仍是我行我素，他说："有言道，别人怀宝剑，我有笔如刀！我不信，剑能砍去所有的笔。我不信，这世界能没有笔……"

这天晚上，他来到关着老爷爷的大牢后面。只见这牢的四周，墙很高很高，并且墙里有墙，不知道有几道墙。他原想，从后面墙上画门，一道一道画进去，让老爷爷他们从门里逃出来。可是，不断有巡逻的兵丁在一圈一圈地走。怎么也下不了手。没有办法，只得转身回来。

他才跨出几步，斜刺里走出一个人，拦住他，问他："你是马良吧！"

马良一怔，立即否认，说："我是冯郎，你认错人了。"

那人冷冷一笑，说："别装蒜了！——我们久违了，你还好吧？"

马良一抬头，看见那双桃子般的大眼睛，在黑暗里发出绿绿的凶光，便认出他来了。就问："你要干什么？"

那人回答得很干脆，说："不干什么。我只想借你的那支神笔，用它画仙桃图、彩莲图呀！"

马良很吃惊，知道来者不善，说："我不是马良，我也没有神笔。有神笔，也不能借给你。"

那人见马良不肯承认，又堆出一副笑脸，说："好。你不认，也没有关系。不过，告诉你，我已经在此恭候多时了。那边正在抓你，你跑得了昨天，跑得了今天，可跑不了明天。再说，你在这里的所作所为，也触犯了王法。

官府正在侦查你。只要有人向官府一报告，冯郎就是马良，马上可以将你抓起来。——不过，我不想这样做。"

马良懵了一下，听他说下去。

"我不想这样做。你觉得奇怪吧！一点也不奇怪。坦率告诉你，这样做，我得不到多大好处。说句实话，我也被他们抛弃了。现在，我和你一样，也是个流浪的人。我看，我们还是合作吧！有饭大家吃。你能画，我也能画。这样，我们都大有好处。"

马良听他这么一说，以为此话当真，这奴才已被主子踢开，也怪可怜，心里倒有几分同情。

但马良没有放松警觉，他说："既然你也落魄在此，我可以赠你一些钱财，你远走他乡，自奔前途。请不要跟着我，大路朝天，咱们各走一边。"

那画师淡淡一笑，说："你看错了，我并不是落魄，要向你借钱，我是想和你合作，做一番事业。如果你不愿合作，请将你的神笔，借我三天。这要求不过分吧！"

马良被他纠缠得受不了，只想打发他离开，说："好吧！让我好好想想，后天，你到我画摊上来。"

画师知道马良不敢不应允，说："好吧！过三天，我到你住的客栈来取笔，我知道你住的客栈。你不能骗我，要是你不守信用，我立即将你在这大牢外面察看地形的事说出去。你帮助他们抗租抗粮，我都知道得清清楚楚。"

马良不想跟他多说话，骂了一句："你真卑劣！"

画师毫不在意地一笑，说："我卑劣，卑劣就卑劣到底吧！"

马良走了，他仍像鬼魂一样紧紧跟在马良的后头。确实，他跟在马良后头，很久了。

这夜晚，没有月光，马良背后却拖着条黑影。

27. 牢里牢外

马良知道，画师此番出现，绝非好事。

他不管画师是否真知道他的住处，都决计甩掉他。

他在穿过一个凉亭之时，在黑暗的石碑后躲了起来。等画师一直往前追去，他便立即折回，住进大牢附近的一家客栈。

第二天，买了几瓶好酒和两个大西瓜，他又去牢里探望老爷爷了。

马良把他已被那个画师盯住，处境非常危险的事，跟老爷爷说了。

马良也告诉老爷爷，画门逃跑的办法行不通了。送进来的西瓜里面，装着锉刀和斧子，还有一些绳子、匕首。看来只有用酒灌醉牢卒，从屋顶逃出去这条路好走了。马良画好大牢和四周的地形图。要这些东西的，是牢里的一个年轻人。他以前坐过一次牢，一个做过强盗的牢友曾经带他从牢里逃出去过。这次，他要带老爷爷他们逃出这大牢。老爷爷赶紧把这些东西都藏了起来。他劝马良快些离开这市镇，立即走。马良和牢里那些穷人们道别，送了大家一些钱财，就出来了。

马良回到客栈，跟店主说，他身体不适，在屋里睡觉，不要惊扰他。

马良关上窗，真的睡下了。店主也来看过。待到天黑，他悄悄收拾好东西，画了一支和神笔一模一样的笔，放在枕边；画了一顶和他戴的斗笠一模一样的斗笠，放在床边。随后，他往被窝里塞进一个枕头，便打开窗户，跳出去。细心的马良，还用神笔在窗上画了密密的蜘蛛网，一个个毒蜘蛛趴在网中央，以防有人破窗进入。

那个画师被马良甩掉了，但他不在乎。他知道马良住的客栈，就来到马良的隔壁住了下来。他注意着马良的动静。他知道马良昨晚没有回来，曾经想过出去寻找，可又害怕马良回来，岔开了，最后还是不敢出去。今天马良一回来，就说生病了要睡觉。他觉得蹊跷，便一次一次去马良窗前偷看。

他看见马良的斗笠和神笔都放得好好的，马良睡得死死的，也就放心了。

因为昨晚守了一夜，见马良不回来，他便不敢睡觉。今晚一倒在床上便不由自主，呼呼大睡了。

半夜一醒来，他又去窗缝张望，见马良还是好好睡着，又放下心了。

可是他又猛地一想，马良怎么一整天不起来吃东西，一整天都不起来撒尿呢？

他又有些怀疑了。等到天色渐明，仍不见马良屋内有响动，他便按捺不住，摸黑过去，借着风，故意推开马良屋子的窗户。屋内，仍无响动。他故意投进一块石子，屋内仍无响动。

画师知道有异，便跳进窗去。他一跃身，冲破窗上的蜘蛛网，一只毒蜘蛛在他额角咬了一口，额角立即肿胀起来。另一只毒蜘蛛在他脖子里咬了一口，脖子里流出了黑红色的血，痛得他大喊"哎哟"。

他扑上床去一摸，原来睡着的是一个枕头，马良跑了。可是他的神笔和斗笠都在呢！

店主听见马良房里有响声，便跑过来看。

画师已来不及跳窗出去，只好钻进被窝睡下，充作马良了。

哪知道马良在床的毡垫上，画了许多刺人的针尖和麦芒，画师一睡进去，针尖和麦芒就往他身上刺，好不疼痛。他只好缩着身子，不敢多动弹。

店主从门缝往里张望，见马良睡着不动，问了一声，也不回答。走到前面一看，窗打开了，窗台上还有血。他知道，已经出事了。他是受命要看住这位客官的，他猜想这客官是被人杀害了。他唯恐连累自己，将来说不清楚。为保护现场，他将门和窗都反锁上，赶紧去报官了。

这一来，画师被关在这屋里了，伤口又痛，没有东西吃，没法方便，还不能吭一声，可受苦了。

官府第三天才派人来，店主打开门进来，他们掀起被窝，见画师坐起来，吓了一跳。店主诧异得很，说："怎么病了三天，老成这个样子？"

官兵将一条铁索往他脖子里一套，他脖子的伤口痛极了，大叫道："不要抓我，我不是冯郎。"

那几个官兵打了他几拳，说："我们知道你不是冯郎，你是马良！走！"

四个官兵将画师拖走了。临走，他还紧紧抓起马良留下的那支笔和那顶斗笠，一定要带走。

画师被带到公堂，审堂的官，正好患火眼，火气很大，问他是不是马良。他说不是，就先被打了十大板。画师只好承认自己是马良。审堂的官说他承认得晚，又打了他十大板。小个子画师，浑身没有几两肉，被打得个半死，就收监了。

幸亏第二堂审，那吃过马良亏的大鼻子官家和歪头千户来听审，这才发现这人并不是马良。

审堂的火眼官拿出追捕的画像，睁开糊满眼屎的红眼睛，一对，还说都是额头高高，很像。其实，画师的额头高高是毒蜘蛛咬的。

画师这才说，这些追捕马良的画像，都是他画的。他说他是前来追捕马良的。

可大鼻子官家和歪头千户都责备他，说他这一来，反而将缉捕马良的计划给破坏了。火眼官又叫人打了他十大板。

画师只得恳求赎罪补过，他又画了许多马良的画像，贴到街上去，领着官兵挨家挨户搜查。

这一来，市镇上的人都知道冯郎就是马良了，马良的名声愈传愈大。画师呢，从街上走过，人们都不理他，孩子们还向他投石块，泼污水，臭骂他。

28. 人鬼神

马良在那个月黑风高的夜晚，逃出了客栈。他没有像上次那样，画匹大马骑马跑掉。他知道，那画师拿到那支假神笔，一定会恼羞成怒，去官府告密。他不知道官府早已在查他的底细了，更不知道他住的客栈老板也在监视他的行动。

他摸黑来到那山村里。一来是想到那小女孩的坟前告别一下，同时也想等一等老爷爷他们逃出大牢的消息。

他就住在他们的破屋里。他把门呀，窗呀，都修理好，桌子、椅子重新钉一钉，灶头也重新砌了，把屋子打扫干净，好让老爷爷回来住。

山村里，住着很少几户人家。经过了一场旱灾，这几户人家也都揭不开锅，逃荒的逃荒，乞讨的乞讨。马良为他们一家一家画家具，画农具，画衣衫……

可是，官兵突然来了，马良只好躲到山上去。官兵挨家挨户地搜查，搜查不到就走了。

大家都弄不清，官兵是抓老爷爷呢，还是抓马良？

官兵一批一批来，进村就是搜查。有时，一天来几批。有时，半夜里来。有时，回去又重新来……

如果是抓捕老爷爷，说明老爷爷越狱成功了；如果是抓捕马良，说明有人告了密。这，谁也摸不准。

马良和村里的乡亲们商议了一下，想出个办法，在山崖路边堆起一堆泥土，说马良慌慌张张逃出来，路过山崖时失足跌死了，埋葬在这里。

狡猾的官府不相信，派人来验证，说一定要找到马良的尸体才作数。

马良画了一斗黄豆般大小的圆卵石，悄悄撒在那山崖路边的草丛里，还浇上许多油。谁一踩上，草滑石滚，都会跟着溜下山沟去。官府的人，一连栽下好几个，都传说是马良的鬼魂将他们拉下去。此后，就没有人敢再在那山崖边站一站了。

可是，这仍没有能骗过官府，官兵还是常常来搜捕。一次，几个官兵还在那泥土堆上狠狠地踏了几下，骂道："谁知这马良是真死假死，他可害苦我们这些当差的，一会儿上山，一会儿下山，把我们累坏了。"

这话把远远近近的好心人都激怒了。因为听说马良死了，不少人还戴了孝。这会儿听说官兵扒了马良的坟，许多人赶到这里来，有钱的出钱，有力的出力，将马良的坟重修了一遍。不知道是哪位有心人，还把旁边那小女孩的坟也修起来。为了气气官府，他们编出了许多马良的故事。于是，很快便有财主在这里为马良盖起一座"马良庙"。后来，愈传愈神，远远近近的孩子想要读书，变得聪明，都要来这儿烧个香，将笔在这里供一供。

马良觉得人们爱护他，他很高兴。可是他觉得自己为人们做的事太少，他决计再做下去，并且要做好。对那些财主们出资造庙，他也很高兴，因为这也是对那些待穷人向来吝啬、刻薄的财主们的一种嘲笑和处罚。

神话愈传愈多。一次大清早，马良亲自到"马良庙"来看看。看见那两厢粉得雪白的墙壁还空着，他一时兴起，想画画歪头千户夫人做寿、大鼻子官家小姐完婚的丑事。他才动笔，突然有个从远方带孩子来进香的商人走进庙宇。他看见马良神像旁又有一个活的马良，吓了一大跳。马良立即从后面躲开。商人猛一想，这不是闹鬼，是显灵，运气运气，他高兴地又出了一大笔钱，要给马良菩萨和马良娘娘贴金。

马良显灵的故事又传开了，因为说的人有名有姓，自然大家都很相信。后来，远远近近的大富贵笔庄也都来了。他们听说马良是笔神，便在庙边开起了一家家笔店，出售一种"马良笔"，生意非常好。

这一来，马良白天不能出来了。他一直在等老爷爷回来，可是一点消息也没有。

马良显灵的故事一传出来，官府猜想马良有可能还活着，估计就躲在这村子里，又派出一路路官兵来捉拿，并准备搜山。

马良实在待不下去了，村里的人们也劝他赶快离开。

马良想，老是躲躲藏藏的，在这里成不了大气候，也帮不了大伙儿，还是走吧，走得远远的。

29.送去一船粮食

天下着滂沱大雨，一连多日，山洪暴发了。马良在山里躲不住。为了避开坏人耳目，就是在这样的大雨天，他顶着斗笠，悄悄走了。

临走，他多么想放一把火，把那庙烧掉再离开，因为他从来不想为那些坏心眼的财主富商所利用，不料一个假的马良坟却被那些财主富商们用来赚钱牟利。他很不甘心，很不情愿。可是，那太危险了，大家都劝他不能去。

这世道，人难做，鬼也难做，马良决定到更远更远的州城去。

他想，州城可算是名都大邑，一定不会这样乌烟瘴气，无法无天，他带着向往和希望，千里迢迢前往州城。

大路给洪水冲坍了，他想去坐船。找到船码头，因为水大，船都停开了。他想用神笔画只船，唯恐招人注意。再说，船小了，水大不能行；船大了，又没有人撑。左思右想，都不成。他在码头客栈里等了三天，才等到一只运官粮的船，因为州城官府催得急，限时限刻要送到，所以水再大也要开。

马良花了一些钱，搭上了这条运粮船。

这运粮船上，有两名押运的官兵，一个是大头，他的头特别大；一个是长脚，他的脚特别长。撑船的是一个老艄公和他忠厚老实的儿子。马良一上船，就帮老艄公他们收起了风帆。因为水流湍急，风很大，张着帆是会翻船的。

相安无事，走了三天，来到一畈平原。这里地势低洼，河水已漫过岸，将邻近一带的村庄淹没了。

水很深，泥房都坍了，家具、牲口，在水里漂流着。许多人都爬到大树、小山上。有的大树倒了，人在水里挣扎着，奄奄一息。

他们看见有船只过来，都拼命地向船只划来。老艄公和他儿子，要伸出篙子去救他们。可是那大头官兵，却夺过篙子，把一个个攀在船沿上的人都打到水里去。好几个男孩子、女孩子，已从船尾爬上来，他也叫长脚官兵把他们踢下去。长脚官兵一脚踩在一个男孩子的手上，那男孩子惨叫了一声，落下水去，被洪水淹没了。

马良过去阻拦，那大头官兵骂道："这船装的是官粮，已经够重了，要是载上这许多人，沉了官粮，怎么办？"

马良也不好跟他说什么，但看到这种凄惨景况，他也顾不得自己的安危了。他说："要救他们，我们不能见死不救啊！"

大头官兵骂起来，说："你敢救他们，把你也推下水。"

马良就在大家的目光下，取出神笔，画了一只又一只大木盆，投到水里去。

人们都争先恐后，一个个往木盆里爬，两个官兵看呆了。那大头官兵一下认出来了，说："好哇，你原来是马良！我可抓住你了！"

两个官兵要抓马良，马良跳进一个木盆。那老艄公听说他就是马良，赶紧划着船对准大水中露出的一个小山丘冲上去。

山丘上全是岩石，船一冲上去，船头便裂开了，半条船搁在山丘上，再也动弹不得。

这山丘有十来张桌子那样大，围困着老老小小几十个人。

马良从盆子里跳到山丘上，说："乡亲们，咱们有粮食了！"

大家已经饿坏了，见送来一船粮食，很是欣喜，就拥上来。

那大头官兵拔出刀来，说："这是官粮，谁敢抢官粮！"

那长脚官兵看看那么多人已把他们包围了，心里有些害怕，就悄悄拉拉大头官兵的衣襟，说："官粮不官粮不要说了，我们已到这份田地，也管不了，谁要粮食，出钱买吧！"

灾民们并不理睬，一齐冲上来夺下官兵手上的武器。马良拿神笔画了一把大剪刀，用剪刀在粮袋上剪出个口子，粮食就流出来了。

大家见是马良，都哭了。马良用神笔给大家画起一口大锅，煮起一大锅饭，大家饱饱地吃了一餐。马良就安排人手，用木盆给邻近困在水里的人们送去粮食。

那两个官兵，已失去刚才的威风，看着粮食给分了，木船给拆下当柴煮饭了，唯恐马良和灾民们加害他们，便向大家不住磕头请求原谅。那大头官兵将头磕在石地上，"咚咚"作响。

大家分一口饭给他们吃，叫他们也划着木盆，去帮助送粮。两人倒也很愿意。

30. 风筝飞上天

想不到那两个官兵秉性不改，叫他们去送粮食，他们划着木盆到不远处一个阔嘴富豪家去喝酒，要阔嘴富豪派人去官府密报，说逃犯马良在他们船上。

大头官兵喝醉了，在富豪宅院里耍起酒疯。两人被阔嘴富豪赶了出来。

他们只好划着木盆回到那山丘。人们不知情，仍是好好地待他们。

三天过去了，水渐渐退去。这山丘愈来愈大，山丘上的人愈来愈多。一船粮食，分的分，吃的吃，所剩不多了。

马良急了，大伙儿急了，他们急的是：水还没退完，粮食吃完了怎么办？

两个官兵也急了，这一船粮食没有了，他们回去怎么交代呢？长脚官兵很发愁。大头官兵说，咱们把马良带走，到了州城，说是马良抢了官粮，那不全是他的事了吗？

第四天，很闷热，天暗暗的，似乎又要下雨了。如果下雨，水有可能还要涨。两个官兵忍不住，找马良说："马良兄弟，咱们再不回去，州官那儿交代不了，你画只船，咱们一起走吧！"

那些灾民们听说官兵要走，并且要带马良走，就嚷起来："你们要走赶快走，马良兄弟不能带走！"

大头官兵急忙装出一番好意，说："马良和我们一起走，就是给我们做个证人，说这些官粮是赈了灾民。我们也好保举保举马良，他赈灾有功，大小也能让他当上个官。"

大头官兵的花言巧语，把灾民们惹火了，有人把他去阔嘴富豪家喝酒的事揭了出来。

马良心里明白，他不道破，却顺着他们说："这两位官兵大人，他们出的公差，也挺辛苦，这番我们动了他们押运的公粮，回去自然不好交代，要我去做个证人，也是应该的。我一定陪他们去。"

两个官兵大喜，大头官兵说："就请画船吧！我们立刻启程，大概还得有十来天路程。"

马良想了一想，笑笑说："你们归心似箭。好吧，我想个办法，不消半个时辰，你们就可到州城了！"

大家呆住了，不知马良葫芦里藏的是什么药。官兵知道马良的神笔很神，忙问："怎么个去法？"

马良取出神笔，说出一个字："飞！"

飞？怎么个飞法呢？大家看着马良。

马良用神笔画出两对大翅膀，画好扎在两个官兵的背上，并画了两根又粗又长的绳子，一头缚在两个官兵衣服的胸口。他说了："今天，是南风，我先把你们送上天，我在这里画绳。等到你们看见底下的州城，就叫唤一声，或者做个手势，我就不画绳了。你们解开翅膀，便可慢慢落下去，不是很好吗？"

长脚官兵觉得很好，高兴地说："那我们就可以成为腾云驾雾的仙人了！"

大头官兵一想，又担心地说："这个放风筝的法子好是好，不过，不过，马良兄弟，你呢？"

马良回答："现在，你们是风筝，我放你们……"

那长脚官兵认为自己很聪明，急着上天，忙接着说："傻大头，对嘛！现在我们是风筝，马良是放风筝的人。我们到了地上，那时我们是放风筝的人，马良是风筝。我们牵着绳子跑几步，马良不是就飞起来了，我们将绳子一收，他就到州城了！一样，一样道理！"

大家都笑起来。

风很大，马良让长脚官兵先上去，很快，长脚官兵升上空中去了。

"很舒服，太好了！"

长脚官兵双手叉在胸前，张大眼睛，看着地上，乐滋滋的。

大头官兵听长脚官兵在天上叫得很欢，他也让马良放上天去。

大头官兵怎么不行呢？一升上天，就是一个筋斗，差一点栽在树梢上。一升上去，又是一个筋斗，一连三个筋斗，栽得他在天上乱嚷乱叫。

马良懂得风筝栽筋斗的道理，大声跟他说："快把翅膀移到腿上，将绳子缠在腰间，你的头太重了。"

大头听见了，赶忙照马良说的做，果然不再翻筋斗了，不过变成头在下，脚在上，倒挂着了。

倒挂着，总比翻筋斗强，好在是在半空中，四面不着地，他睁开眼一看，觉得也不错，天好像就是地，他在天上行走呢！

和他并排的长脚官兵，他脚重，在天上十分稳定，还在嘲笑旁边的大头官兵呢！

马良用神笔在地上交替着画绳，给这个画了一大段，又给那个画一大段，他们愈飞愈高，愈飞愈远……

飞着，飞着，不想飞进一块厚厚的乌云里，四周一团墨黑，还闪电，还打雷，又下起大雨来。两个官兵吓得直哆嗦，抱着头直呼爹喊娘。他们的呼喊声，地上听不到，可他们颤抖的幅度却可以从绳子上传过来。

两个官兵摇晃得很厉害，大头官兵栽过去，头砸在长脚官兵的脚上。长脚官兵的脚被砸痛了，踢了大头官兵一脚，正踢在大头官兵的耳朵上。耳朵碎下一大片，大头官兵失去重心，一伸手，拉掉了长脚官兵的一只鞋，长脚官兵也失去了重心，两人交叉而过，绳子便缠在一起了。他们都急于想解开，可是哪里解得开呀。

大头官兵见长脚官兵的光脚老是在踢他扯碎的耳朵，他一口咬去，想咬下长脚官兵的脚趾，不想咬着绳子，绳子咬断了。那长脚官兵解脱了，如同脱弦的箭，径向高空飞去。他真是上了天，踩着乌云，仙人一般飘然而去……

大头官兵呢，还在乌云层里，雷鸣电闪，狂风暴雨。他倒着身子，上不着天，下不着地，向大家做着惊险的大动作。马良早已不画绳子了，他们将绳子的一端系在一块大石头上。

洪水又涨了，马良把大家送到远处的高地。现在一粒粮食也没有了，大家又要挨饿了。大家一商议，只得向阔嘴富豪去借粮。

31. 押运官

马良和大家一起坐着木盆，来到阔嘴富豪宅院门前，派人去求见。可是饱汉不知饿汉饥，那个阔嘴富豪为富不仁，一粒粮食也不借，还恶狠狠地将他们骂出来，说发大水是天灾，关他什么事！

他们沿宅院走了一圈，见后面有许多个粮囤。有人想出个办法，到后山去砍伐些粗毛竹，一端削尖，中间打通，这样将毛竹一根根插进粮囤里，大家就可以在外面接粮食了。将来，如数还给他。

大家爬上宅院后的大山，往下一看，全明白了。

原来，宅院前边的那一条河，阔嘴富豪叫人在上游掘开了一个大口，河水就往低处的村庄和田地流去了。这样，阔嘴富豪保住了自己的宅院和两旁的花园。

他们再往山上爬，往上一看，更明白了。

原来，宅院后面的那一座大山，阔嘴富豪叫人将山沟的道道填没了，让山洪冲向另外一条山沟，淹了山那边的村庄和田地。这样，阔嘴富豪保住了自己的祖坟和一大片果树林。

大家都很生气，派人去找阔嘴富豪评理。

阔嘴富豪蛮横得很，张大那张能说会道的阔嘴，说："水要往哪儿流，就往哪儿流，找我干什么？"他把门关得紧紧的，大家横说竖说都打不开他的口风。

大家只得动手了。在一个晚上，大家搬来准备好的一根根粗毛竹，往粮囤里捅。

不料，每一个粮囤都捅了，半粒粮食也没有流出来。

原来，阔嘴富豪奸刁得很，早有准备，将粮囤里的粮食转移到地窖里去了。

马良和大家一计议，马良用神笔画了一套官兵衣服，叫老艄公的儿子穿起来，让他充作押粮官兵。

天一亮，阔嘴富豪果然带领家丁出来抓人了。他知道马良在大伙儿中间，是马良领的头。阔嘴富豪厉声问："谁是马良？站出来。胆敢聚众抢粮，我要抓住你，去见官。其他的人散开！"

大家一齐挺身而出，齐声说："我们都是马良！"

马良排开大家，走上前去，脱下斗笠，说："我是马良，抓我吧！"

阔嘴富豪命家丁动手抓马良，只见众人里挤出那个老艄公，说："你们要抓人，好，我跟你去见官，有罪的不是马良，而是你！"

阔嘴富豪听这是外乡口音，不知他来干什么，问："你是谁？敢说我有罪，我何罪之有？"

老艄公便从衣襟袋里取出一张红印文书，递给阔嘴富豪，说："我运官粮，经过这里，你开河放水，沉了这船官粮，我无法交差，我跟你去见官吧！"

阔嘴富豪想起来过两个官兵，他赶走了他们。他们如果向州里一报告，这可是一件很麻烦的事啊！他软了下来，问："请问那两位押运大人呢？"

老艄公的儿子从人群中走出来，说道："我是这船官粮的押运官。本来不想让你知道。不过，你跑得了和尚跑不了庙，照实说吧，我已命令两位弟兄上路了，到州城去告发你。如果你现在就愿去见官，那就太好了，我们一起去吧！"

阔嘴富豪一下瘫下来了，因为他知道他放水淹了小百姓，不足为道，沉了官粮船，却非同小可。他赶快喝退家丁，收起马枪，走到老艄公儿子跟前，作了一个揖，说："大人多多原谅，我实在不知沉船之事，既然事已发生，在下决计全部赔偿，木船一只，粮食一舱，老艄公和三位押运大人，奉赠丰厚财物，还请大人多多海涵。"

有人问了他一句："还要去见官吗？"

他自然不敢，急忙摇头，说："哪里，哪里……"

阔嘴富豪非常害怕，闭起阔嘴，二话不说，立刻挑选了一只簇新大木船，按文书上所开数目，装了一舱上等粮食，并送上一桌丰盛筵席，让老艄公和他儿子扮的押运官运走。

老艄公父子将船撑到一个僻静处，将粮食及财主所赠财物、酒菜，全部卸下，送给当地灾民。这些粮食，又够吃一阵时间了。

水已渐渐消退，马良要到州城去，老艄公父子撑船送了他一程。

当地乡村父老，携子带孙，一户户全家都来相送，大家依依惜别，有人哭泣、流泪，马良自然也黯然神伤。

一连走了八九日，接近州城，老艄公他们感到进城不利，就和马良分手，向另外一个港汊方向的芦苇丛中，隐蔽而去了……

32. 鸡狗满街走

马良来到州城，先在城外住下。他唯恐州城里也在捉拿他，自然不用"马良"的名字，也不敢再化名"冯郎"，因为大家已经知道冯郎就是马良了。这回，他用减笔画法，"马（馬）"字除去下面部分，成了"王"字；"良"字除去上面一点，成了"艮"字。他改叫"王艮"，仍以卖画为生。

这州城，地大人多，很好落脚，进进出出，也不大受人注意。他人生地不熟，未敢放松戒备，将神笔藏在斗笠夹层里，不轻易取出，斗笠时刻带在身边。

马良先不摆摊，只是拿着他的画在僻静的小巷中叫卖。一连几天，买他画的人十分稀少。后来他渐渐到一些小街坊去，可也是景况不佳。马良感到生活艰难。

这州城里的人们对他的画好像兴趣索然。但他观察到人们家里悬挂着的画，画品又很低下。他想不通这州城大邑，能欣赏他的画的人，竟然如此之少。

马良住了几天，发现这州城，鸡多、狗多。他穿街走巷，一路上都是鸡屎、狗粪，鸡狗满街乱窜。而且这鸡、这狗，都十分凶狠，见是陌生人，或者碰了它，便会啄你、咬你。

他好几次被鸡群或狗群围住，难以脱身。住在这州城里，一大早全城的鸡一齐啼叫，一入晚四处都听得见狗叫。整天鸡鸣狗叫，好不热闹，也好不令人害怕。自然，偷鸡摸狗的人也多了。

这州城里最发财的买卖，是卖蚯蚓和肉骨头，生意人从远处乡下收购来蚯蚓和肉骨头，运到州城，可以高价出售。

马良卖画连糊口也难，于是也跟着别人卖蚯蚓和肉骨头，赚点钱，先在州城扎根住下来。

他用神笔画蚯蚓和肉骨头本来就很方便。他出售的蚯蚓和肉骨头都比别摊子上的大，所以生意特别好。

很快，他明白了，原来这州城里，官员都爱斗鸡、爱养狗，所以鸡多、狗多。

鸡，要愈养愈大，要善斗。所以，在这州城要办点事，得向官员送礼，而最好的礼便是鸡，自然是那种善斗的大鸡。因此，州城的百姓，每家都必须备着许多鸡，天天喂蚯蚓，将鸡养得大大的，以备不时之需。

狗，许多官员家里都养着，而且很凶很凶。许多官员以家里的狗多少，表示自己的权力有多大。因为狗对主人都很忠心，对小民百姓却很凶横。狗，不仅为官府看门，防范小民百姓进来，而且官员一出门，就带着狗满街走，煞是威风。许多人，出门办事都要带一袋肉骨头。在街上遇上恶狗，要丢出几根；要上官府办事，也丢出几根。

马良一知道这些，就十分难过，他用神笔画蚯蚓、画肉骨头，不就是给官家作乐欺侮小民百姓吗？他感到这亵渎了他的神笔，亵渎了他自己，他很是懊悔。

于是，他仍是画画卖。不过，他索性专画鸡和狗，他画的是可爱的小鸡、可爱的小狗。他出门卖画，遇到凶鸡和恶狗，就拿出小鸡、小狗的画来，凶鸡、恶狗大多便会渐渐去掉那凶恶之态，在画前显出一种亲昵模样。

可是，这天，两个官兵来到城外客栈，寻找马良，说不准他再出卖可爱小鸡和可爱小狗的画，因为许多人家贴上他的画，鸡和狗都变得和善温顺了。只许他画最凶的鸡，最恶的狗。不然就要办他破坏州城风气罪，抓去坐牢。

马良等官兵一走，气极了。他用神笔索性画了一只很凶很凶的大鸡，一只很恶很恶的大狗，每天用很多大蚯蚓、肉骨头来喂它们。他出门卖画，就带着这大鸡和大狗。

这一来，情况大大起了变化。一路走，一路都有人投来羡慕和嫉妒的目光，然后走近他，要买他的鸡和狗。其中，有替官府办事的，也有普通百姓。马良都不肯卖。

有一个晚上，住在客栈隔壁的一位贫苦的瞎眼老婆婆，找到王良，长跪不起，一定要买去他的鸡和他的狗。因为她的小儿子在官府当差，昨晚上值班，官府最心爱的一只鸡、一只狗，给毛贼偷走了。官府一定要她的小儿子把鸡狗找回来，不找回来，就要办他的通贼罪。

马良没法，扶起老婆婆，让她带走他的鸡和狗。

想不到，这一来，州城的情势却出现了更大的变化。

这官府里有了这只大鸡和大狗，府里所豢养的那些鸡都变得怯弱无能了，不要说斗，见了大鸡都把头藏到翅膀里。府里所豢养的那些狗都变得没精打采了，不要说咬，见了大狗都夹起尾巴溜远了。

官府里斗鸡也不成了，谁家的鸡见了这大鸡都吓得不敢抬头。

官府里的大狗一出去，街上所有的狗，都跟到大狗的屁股后头，摇头摆尾地讨好它。

这一来，州城里大家都不养鸡养狗了。可是也有麻烦的事，另外一些官家，侦查到这大鸡大狗的来历，都要来找这个王艮，要买更大的鸡和更大的狗。

马良在这客栈待不住，只得住到州城里另一个僻静的客栈去，依然是卖画度日。

33. "马良"鬻画

马良的画，仍不受人欢迎。他在这州城里还不能摆摊卖画，他对这个州城大邑显得有些失望。

一天，他来到一条街道，这里商业繁华，过往行人甚多。在这人多的大街上，他不能像小贩一样大声叫卖，只得收起画幅，信步走去。好在他是第一次来这里，十分陌生，没有人认得他。他把斗笠背在背上，随意看着四周的商铺。

忽然，在他的眼前映出一块金字招牌："大富贵笔庄"。

招牌一端，垂直挂下一红色布帘，上写四个大字："马良鬻画"。

马良心里觉得奇怪，他这个马良倒无法用马良真名，却有不是马良的人倒可以用马良的名字。他很是生气。

但他立刻又想，世上常常有同名同姓的人。他叫马良，别人也可以叫马良，说不定那人真叫马良。这样一想，心里又平静下来。

大富贵笔庄，他是十分熟悉的，原本都是那肥财主家的产业，肥财主一死，家道衰败，这散在各地的笔庄产业也各自分开经营了。后来，"大富贵笔庄"这块招牌，索性谁开笔店，谁都可以用。

他又把斗笠戴在头上，压低帽檐，走进店去。只见店门里放着一只铁笼，铁笼里关着一只白鹤。马良一看，便认得是他所画的白鹤，就是那只沾上一滴墨水活了起来飞走的白色小鹤。

店堂里悬着一支大笔，和他的神笔一模一样，马良十分熟悉。他已不记得是他自己画的。

店堂的货架上，陈放着大小毛笔，笔杆上都刻着"马良笔"字样。

马良看完出来，门口急匆匆进来几个人，前面的那人背着一顶和他一样的斗笠，桃子眼，尖下巴，正是那个卑劣的画师。

后面跟进来一个驴一样长脸的官府师爷，还有两个官府的差役。

原来，这画师在那市镇上吃了许多苦头，还限他日期缉拿马良。他带领官兵，转来转去，没有抓到马良，不好交差，只得偷偷逃跑了。

他来到州城，想起自己吃亏，主要是因为没有投靠官府。他知道，在这世上，不论干什么事，没有官府做靠山，不但做不成事，而且难以生存。于是一到州城，他便利用马良留给他的那把假神笔、假斗笠，说自己就是马良，到官府找了门路。

官府好斗鸡，他送鸡。官府好养狗，他送狗。后来，官府里每斗一次鸡，都让他去把斗赢的公鸡画成像，贴在官府门口的告示牌上。有个官员得到一只大鸡，他就去画鸡像，贴在官府告示牌上。有个官员得到一只好狗，他就去画狗像，贴在官府门口另一面的告示牌上。这样，他深得官府大官们的欢心。

后来，官府出钱，师爷出面，开起这家大富贵笔庄。不知他从哪弄来那只马良画的小鹤，在笔庄门口挂出以"马良鬻画"为名的布帘，他借笔庄摆了个画摊。

他也遇到过麻烦，自然那算是小事一桩。州城收到过缉拿马良的文书，他有官家做靠山，上上下下一打点，便消灾解难，官府不仅不惊动他，还把那文书交给他。原来，那市镇官府画画像的人，没见过马良，听说马良和他很像，就照着他的脸画。可以说，画的就是他。这一来，他真的成了那个有神笔的马良了。在这里，人们多少年来已积下这样一个习惯，就是官府说是好人的，小民百姓就知道这人有多么坏；官府说是坏人的，小民百姓反而十分钦敬他。于是，这个冒名"马良"的马良，在州城名声大噪。自然，更多的人，看出他人品太差，巴结官府，欺侮穷人，十分势利，背后都在说，这马良竟然变得这么坏了！有人可惜他，有人讨厌他，有人憎恨他……

马良一见是画师在败坏他名声，十分恼火。他毕竟年少气盛，一时情绪失控，就上前一手拉下那幅"马良鬻画"的布帘。

画师出来一看，见是马良，大吃一惊。他是个工于心计的人，不动声色，把马良拉到一旁，说："要多少钱？你开个价！"

马良将拉下的布帘撕个粉碎，说："你无耻！"

马良声音很大，在这热闹的大街之上，一下围上来许多人。

画师先下手为强，对着大家说："在下马良，借此鬻画多时，今天这疯小子，竟无缘无故前来捣蛋胡闹。"

马良打断他的话，大声说："我是马良，这个卑鄙家伙，不是马良。"

店堂里转出那个驴脸师爷和两个差役，师爷一声吆喝："大胆疯子，清平世界竟敢冒充马良，拿下送官严办。"

看热闹的人群中，有人不服，纷纷嚷将起来："两个都说是马良，怎么只拿一个？"

"谁真谁假，总要弄个清楚明白！"

"真的假不了，假的真不了，应该让他们当场比一比。"

师爷见大家闹了起来，也不敢擅自判定，就推说尚未禀过州官，道："今日天色已晚，真马良，假马良，明日在此当众比试，疯子暂时收押。"

两个差役把马良带走了。

临走时，画师赶上来，凑近师爷耳朵，说了几句。师爷回答："我会叫人好生看住他，决不会让他跑掉。"

34. 真假笔斗

这天天热，整个州城热得像个火炉。

大富贵笔庄门口，朝街搭起一个平台。人们听说，今天真马良、假马良，真神笔、假神笔，要好好比斗一场，就都来看了。画师昨晚到官府找了师爷，商定了一串办法。一切照他们商定的办法进行。

大清早，那个长一口钉耙齿的州官一行来了。三领大轿，前一领是州官，后一领是州官夫人，第三领却是州官心爱的宠物，马良画的那只大公鸡；后面跟着那只马良画的大狗；紧接着是一长队士兵和差役。

州官和夫人登上台坐下，便命差役把大鸡送上台来。

看的人都莫名其妙，不是说今天真假马良笔斗，怎么又斗鸡了？师爷忙上去和州官咬耳朵。州官的脸沉下来，不高兴地说："你不是说要比试比试嘛！"

州官没有把昨夜师爷的话听进去，以为今天比试比试，是有好鸡要和他的大鸡斗一场，所以让夫人也来高兴高兴。听说是办人的案，很为不悦，说："这等小事，还来惊动我干什么？——好吧，既然我来了，让他们两个来跟我的鸡比试比试，看谁能赢我的鸡！"

州官一下令，画师和马良就得上台了。大家一看，两人额头高高，戴着同样的斗笠，真有点像。自然，州官要真假马良跟鸡斗，人们心里都觉得好笑。不过，这种荒唐的事，州城的百姓也司空见惯，不足为奇了。谁都不吭声，就当好戏来看。

马良昨晚被关在监狱里，看守严密，难以脱身。他细细一想，很为自己的鲁莽后悔。但事已至此，只得小心对付，好在有神笔在，他也不怕。

马良和画师到了台上，作为一方，那大鸡作为一方。那大鸡是马良画的，马良喂过它很多大蚯蚓，似乎认识马良。金锣一响，它专门找画师斗。那画师，手无缚鸡之力，看到他和师爷商定的计划已被打乱，也有些担忧。大鸡和他斗了几下，他招架不住，被大鸡啄破了脸颊，鲜血淋漓，痛得跌下台去。

州官见画师这等无用，便说："这是假的，将他……"

师爷发急，连忙上前说："这是第一轮，还有第二轮比试。"

画师忙进店叫人扛出那关着白鹤的铁笼来，抬到台上，大言不惭地对马良说："这白鹤是我用神笔画的，谁都知道。那么请你拿出神笔来，也对着大家画个什么吧！"

画师早有准备，他是要赚马良取出神笔，便可借机用假神笔将它换过来，则他大事成矣！

马良立刻想到画师来这一手，他如亮出神笔，这笔必为官府所夺。他是真马良，也必为官府所逮捕。如他不亮神笔，他就得承担自己是假马良的行骗恶名。不过，这样能保住神笔，并且画师和官府不能以马良之名逮捕他。马良冷静地权衡再三，决定即使自己背恶名，也要保住神笔。他慢慢地说出一句话："我已经把神笔弄丢了……"

画师听他这么一说，心里倒是相信了。他想，马良年轻好胜，如果神笔在身，他决不会不亮出来。按马良的倔强性格，他一定会在这种场合用神笔画个什么的。于是，他又说了："假的就是假的，还装什么，说丢了。我是真马良，他是假马良，还不清楚吗？"

台下有人不满意，指着画师说："他是假的，但也不能说明你是真的，你将神笔亮出来，当众画个什么吧！"

这话，把画师问住了，画师一想，急忙将那份缉拿他的文书取出来，说："这是官府文书，你们瞧，上面这画像，是我还是他？"

大家一看，官府文书上马良的画像果然是他，高额头，尖下巴。

马良不明白是怎么一回事，只知道官府已行文来这里缉拿他，所以更不能承认自己是马良了。

州官见缉拿文书落到被缉拿者的手上，并且在这样大庭广众之下拿出来作证，大为不快，咧着嘴角，露出一排钉耙齿，赶紧宣布审案结束，说："假马良重责十杖，不许再在州城行骗，着差役即日押解出境，不得延误！"

画师就凶狠起来了，咬牙切齿地叫着："狠狠地打，我最恨这号骗子了！"

这时候，想不到那只马良画的大狗，也在一旁狂吠，还扑过来咬了马良一口，使得马良好生疼痛，十分伤心。他大喝道："你这畜生，给你吃了那么多骨头，怎么一点骨气也没有！"

马良心里暗自说："今后，什么东西都能画，决计不能再画狗了。狗，这种东西画不得！"

马良被押走了，看热闹的人，向马良投来厌恶、鄙夷的目光，穿过人群的时候，也有人捅他几拳，踢他几脚，更有人往他脸上身上啐唾沫，羞辱他。

马良一想，人们谩骂他，殴打他，正是爱护马良，憎恨冒名的骗子，大家都在支持他。他没有感到委屈，却感到一种安慰和鼓励，心里反而更为踏实。他为了保住神笔，默默地承受着所有的误解和痛苦。

35. 押解出境

马良被钉上头枷，由两个差役押解出境了。这两个差役，收受了画师的财物。画师要他们押解马良回原籍送官。画师还把画有真马良画像的那份文书交给他们，说送到当地官府，可以领赏。谁知其中一人，乃是向马良要大鸡大狗的瞎眼老婆婆的儿子。所以在责打马良时，杖子举得最高，打下去却很轻。后来，画师将文书偷偷交给他们，等于告诉他们，这人是真马良了。所以，老婆婆的儿子非常钦佩他、敬重他。可是，另一个挺着个大肚子的差役，却是个坏心肠的人。他得了那画师的好处，画师允诺他回去还要重谢，所以总是想出办法来折磨马良。

一路上，大肚子差役不给马良喝水，老婆婆的儿子就偷偷给马良水喝。老婆婆的儿子几次把马良的木枷取下，他自己背着走，大肚子差役硬是要拿去让马良戴上。走过沙土地带，天上烈日当空，晒得人头皮发烫，大肚子差役老是要将马良的斗笠抢过去，老婆婆的儿子就把自己戴的遮阳帽给大肚子差役戴，将斗笠还给马良。

一天，走到一个山村，天就要黑了，他们只好住进一户人家，主人是个猎户。忽然，从空中飞来一只白色小鹤，就是马良画活的那只小鹤。它是来找马良的，在马良的头上飞。大肚子差役一见，偷偷从猎户那里拿来一杆猎枪，放了一枪，打在小鹤的翅膀上。小鹤掉下来，让大肚子差役抓住了。

原来，那天马良被押解出来，看热闹的人群聚着不散，觉得州官这案子判得不明不白。有个人走出来，拉着画师问："这铁笼里的小白鹤是你用神笔画的吗？"

画师态度强硬，说："怎么不是我用神笔画的！"

有人接上来又问："那么，你的神笔呢？给大家画一个吧！"

画师气焰嚣张，说："凭什么要画给你们看？干你们什么事？"

前面一人"呸"的一声，一把扭住他，说："这小鹤，是我兄弟抓到的，你说借去放一放，根本不是你画的，那人是骗子，你也是骗子。"

不想，那人兄弟也在，挤过来，说："这鹤是我在田头抓到的，现在你拿去哄骗人，我不如将它放了吧！"

他一下将铁笼子打开，小白鹤就振振翅膀飞走了。

大家哄地笑开了。有的说："他再敢骗人，咱们揍他！"

也有人问起那官府文书的事，说："如果他是真马良，官府怎么不抓他？那文书又怎么落在他自己的手上？……"

这才把那画师的气焰压下去，不再吱声，灰溜溜地跑了。

画师又去找那驴脸师爷，师爷告诉他，说："你惹祸了，州官很恼火，给你的官府文书，你怎么可以拿出来给大家看呢？州官说，你还是尽快离开这里……"

画师十分懊丧，像一个泄了气的皮球。

州城里很快传开了，说有两个骗子，都说自己是马良，但又都拿不出神笔。那真有神笔的真马良，又在哪里呢？

马良见大肚子差役打下小鹤，很着急，请他放开小鹤。可大肚子差役却说："我要宰了它下酒。"

他将小鹤交给猎户，让猎户把它杀了，他去村口酒店打酒。

马良见他走远，就央求老婆婆的儿子把小鹤放了。老婆婆的儿子悄悄走到里面，用刀割断缚在小鹤身上的绳子，马良用神笔画了几笔，接好小鹤被打断的翅膀，小鹤凄厉地叫了几声，飞走了。

大肚子差役打酒回来，不见了小鹤，喝不成酒，硬叫猎户赔。

猎户说，他实在不知道。可大肚子差役说，如若不赔，就要将他一家抓去坐大牢。猎户害怕得很。大肚子差役索性讹诈他，说："如果你今天不赔鹤，明天你要赔火腿、赔熊掌。我们准备在这里住三天。"

猎户赔不了鹤，也拿不出火腿和熊掌。他想，这会儿撞上这个丧门星，也够倒霉了，决定携带妻儿逃走。

马良和老婆婆的儿子就悄悄地劝住他，一起商议出一个惩治这大肚子差役的办法。

猎户做了几种下酒菜，让大肚子差役喝个大醉。他们将他脱得光光的，抬进房内睡下。

天刚刚亮，大肚子差役发觉非常热，就醒了。他睁眼一看，两个毛茸茸的东西夹着他。原来，一边是一只大熊，一边是一只大猪。他吓得赶忙要逃。

大熊左一个巴掌，右一个巴掌，打得他踉踉跄跄，大熊还会说人话："你要熊掌，就给你熊掌！让你吃个够。一只，二只，三只……"

大猪上一脚，下一脚，踢得他跌倒又爬起，爬起又跌倒，大猪也说话了："你要火腿，就给你火腿！让你吃个够。一只，二只，三只……"

他想拉开门跑出去，门被锁上了。他叫"救命"，也没有人理他。他抱着头，不行。他护着胸，不行。熊掌、火腿不断往他身上送。

他突然看见，屋顶上有个小天窗，挂下一条绳索，他赶紧攀着绳索，想从天窗逃出去。

好不容易爬上窗口，天窗上早已停着一只凶猛的大老鹰，连绳带人，像抓小鸡那样，将他攫走了。

原来，马良用神笔画了一张熊皮和一张猪皮，让猎户请来两个年轻力大的后生，扮作大熊和大猪，教训了大肚子差役一顿。那大老鹰和绳索也是马良用神笔画的。

大老鹰将大肚子差役攫到一座高山的峭壁上，那里有株从岩石缝里长出来的大松树，树上是大老鹰的窝，大老鹰把大肚子差役像一个婴孩一样，放进了它的窝里。大肚子差役上不去，下不来，只要稍稍一动，就会摔下山谷去。

那老婆婆的儿子按官府文书所写，将马良护送到边境，在边境验收了官府文书，便放马良走了。他回去也有个交代，就说那大肚子差役不辞而别，开小差跑掉了。

马良谢过老婆婆的儿子，一个人急急地离开了。

36. 荒漠行

这是一大片荒地，风吹过，迎面扑来一阵阵泥沙。

马良走过一个个村落。许多村落不见人烟，门敞开着，屋里空荡荡的。没有人，自然没有牲口。田地全都荒芜着。

马良看看这儿有山有水，黄泥土还是很肥沃的。

山上树木都砍得光秃秃的，有的地方是放火烧的。

水也很脏，一个个池塘，发着腐烂的臭味。

天上没有飞鸟，河里没有游鱼。这是一块死亡之地。

马良几次取出神笔，想为这里画点什么，可是什么都要画，怎么行？所以，他什么也没有画，只是悲怆地，悄悄走过。

走了好几天，才在山沟的一个窑洞里，遇到了一对年轻的夫妻，他们都已经瘦得皮包骨头了。两人脖子都胀得很粗，不知是生的什么病，说是在外逃荒也没有生计，只好回来了。

他们告诉马良，这里是两个州的交界地带。这年春季发大水，夏天又干旱，秋季想有一些收成了，又飞来一大片蝗虫，一停到稻田里，成片的庄稼就被吃掉了。州里来了许多官兵，说是来灭蝗虫，却成天坐在村里吃。田里蝗虫吃，村里官兵吃。蝗虫飞走了，官兵也回去了。可又说这山上逃来一些强盗，那边州里又来了许多官兵，强盗没抓着，把山上树木都砍了，把村里牲畜都给吃了。这里闹起瘟疫来，官兵才开走。穷百姓，受不了这连连的天灾，经不起这连连的人祸，都活不了啦，只得一群群地出去逃荒。可这年头，外面也一样，往哪儿找活计啊！

马良听得心酸，但是也没有办法！他给他们画了一些农具和牲口，便告别离开了。

他决计要到京城去。他想，京城是皇帝所在的地方，人家不是说，皇恩浩荡、德被九州吗？皇帝一定很讲道理，不会像他之前到过的那些地方，天高皇帝远，那些官官吏吏，肆意胡来，他对京城充满了希望。

可是，他走到岔道上去了，路愈走愈小。忽然，前面没有路，马良十分着急。

正在危急关头，马良发现他画的那只白色小鹤飞来了。小鹤在他头上飞了三圈，好像说，它认识路，可以骑着它飞出去。

马良听说过骑鹤的，可是它是小鹤，马良不忍心骑它，就让它带路。

小鹤在前面飞，马良在后面走，又走了好几天，才走到大路上。

大路上人来人往，还有猎人，马良决计让小鹤飞走。

小鹤像听懂了他的话，又盘旋了几圈，向高空飞去了。

马良到了大路上，一问，到京城还很远很远呢！

马良走了好几天，忽然感到不舒服。他病了。路上的人看马良那样子，都说他到不了京城，有的还劝他不要去京城了。

可是，马良去京城的决心很大，一定要去。再说，他也没有后退的路了。他知道一路都在缉捕他。

他还是不停地往京城的方向走着，走着，走着……

虽然他没有说自己是马良，也没有露过他的神笔，可是许多人都知道，或者猜到他是马良，他有一支神笔。

因为他走过的地方，总是在没有桥的地方留下一座桥，在没有路的地方留下一条路，在黑暗的地方留下一盏灯笼，在寒冷的地方留下一个火炉，给穷人留下一些他们所需要的东西……

穷人们都知道马良在他们身边，和他们在一起……

不过，马良不知道，那画师正跟在他后头，往同一条路上走。

那画师在州城待不下去了，他原本是要到京城去的。这一来，他也决心回京城去发展他的事业了。他已经很有钱了。他骑着骡子，还有一匹骡子驮着他的行李和财物。

他得知马良没有被押送回原籍，而是在边境就放了。他不知马良到哪里去了，但是他一路缓缓行来，有所见，有所闻，便觉察到马良走在他前面。

他没有想追上马良，仍然拉开一大段距离，只是在后面紧紧跟着马良。

马良却半点也不知情。

37. 一剂麻沸药

马良行行复行行。

一天，他来到一座大山底下，觉得十分疲惫，看看天色已晚，便在山脚下一家山村野店歇下。这是去京城必经之路，过往行人在上山前，都要在此落脚，接接力，喂喂牲口。所以，这家野店生意甚好，住店客人很多。

马良一住下，不料竟发起烧来，过去挨打的伤口发作，疼痛难当。

多亏店主是个好心人，留他在店里将养几天，叫儿子儿媳好好照料他，给他送茶送水。马良心里感激，无以为报，只好悄悄以神笔画了一张《高山流水图》送给店主。

这《高山流水图》画的就是野店窗外的那高山，从山上蜿蜒流下一条小溪。山上树木葱茏，小溪绕着山石缓缓而流。更神的是，这图，清晨可以听见高山的啾啾鸟鸣声，晚间可以听见低谷的潺潺流水声。店主十分欢喜，即刻挂在进门的屏风上，任凭过路客商欣赏。

隔天，那画师也来到山前，住进这野店。他一进门就看见这幅画，心里便明白是马良用神笔所画。一打听，原来马良因为生病，还住在这店里。他喜出望外，认为这真是天赐的好机会。

马良终日卧病在床，自然分毫不知画师也在这儿住下，算计他。他一点也没有防备。

那天晚上，画师充当医生，让店主的儿子给马良送去一剂麻沸药。

马良哪里知道，几口服下，蒙头就睡，一瞬间便发出呼呼鼾声，睡熟了。

候在门外的画师，拿了那支模样完全一样的假神笔，偷偷从马良贴身的内衣袋里，换走那支真神笔。

画师偷到神笔大喜，暗自说："这一下，我时来运转，功名利禄，富贵荣华，全属于我了！"

他也乘夜半无人，从前门屏风上揭下那幅《高山流水图》，将神笔和图这两样宝贝分别藏在胸前和背篓里，牵出两匹骡子，连夜启程了。他想：有这神笔，有这张神图，到了京城，必可大展宏图，升官发财，自不在话下。马良画的那个竹编斗笠，他也紧紧背在背上。

画师夜半偷偷溜走，他不知前面山里这一段路上并不安宁，强人很多，时常出没。

这天，月光朦胧，星星隐烁，登山路两旁，都是黑黝黝的树林，野草没膝，那奇形怪状的岩石，如蹲着的种种怪兽，觑觎着过往的行人。山上，这里一条沟，那边一个谷，像有着数不清的陷阱，行人稍不当心，便会栽下去。

画师心中也有几分恐惧，又怕后面有人追赶，所以他不仅瞻前，还得顾后。山上横蹿过什么野兔之类小动物，树上什么猫头鹰之类夜啼，都使他心惊肉跳。

画师翻过几个山峦。这里是一片黑松林，风吹着，发出很大很大的声音，好像有人在悲伤地哭泣。他害怕得浑身出冷汗。

他害怕的事情，终于出现了。当他转过一座峭壁时，忽地跳出来四个强人，将他拉下骡子来，蒙住他眼睛，反绑他双手。他连声喊："我是穷人，我是穷人，饶了我！"

两个强人抄了他后面骡子上驮的财物，说："胡说，他是个富商！"

画师赶紧抵赖，说："这钱财是我卖画赚的，我叫马良，我叫马良！"

强人们一听是马良，不敢下手，只见另一个强人走过来，对着他的脸，细细一看，看见那尖下巴，就说："马良没有这么大年纪！"

画师知道这强人见过马良，又诳说："我是马良他哥哥，他哥哥！"

那强人恼怒了，骂道："别听他胡说八道了！"

一个强人推了他一把，他便从山沟滚下去了。

幸亏沟底是个浅水潭子，没有跌死，他昏厥一时，苏醒过来，爬到干处。

待到天亮，他在岩石上磨断绳子，松开双手，揭去蒙眼的黑布。可是沟深壁陡，很难攀越，他爬了几次都失败了，便喝了几口沟水，大声呼救。

山里，风声，水声，树叶碰撞声，大大盖过他的呼叫声。他的喉咙都嘶哑了，也没见有人来救他。

但是他没有绝望，他在想办法出去。马良的神笔和那张图，还有斗笠，都还在他身上，他不担心。

马良呢，服过麻沸药，还在山下野店里呼呼大睡。他一点也不知道，画师偷走了他的神笔和那张图，已经先他去京城了。

38. 笔雨梦

马良昏昏沉沉地躺在床上。

那只白色小鹤飞来了，小鹤一伸翅膀，变得很大很大了。马良立即跳下床，骑在它的背上。它往回飞去了。

好像是逆着时间飞的，马良觉得他回到了童年，他变小了。迎着他走来，或者说向它走去，是早已过去的日子。

他回到了家乡，黑暗的家乡。那是夜里，一路上都那么黑暗。

忽然，他骑的小鹤，变成那只纸折的小鸟。不过这纸小鸟，也很大很大。他坐在纸折的小鸟上，在家乡的上空盘旋。

他看见，他第一次用神笔画起的大红灯笼还在村口。夜风吹打着，它一摇一晃，一明一暗，像一只张开又闭上，闭上又张开的眼睛。灯里的蜡烛，滴着油，是眼睛流着悲痛的泪。

村四周的许多木笔树，没有一片叶，没有一朵花，干枯的枝丫，像病人瘦弱乏力的手臂，绝望地伸向天空，在祈求上苍的怜悯。

纸折的小鸟愈飞愈低，在村口停下，马良走进村子去。

哟，屋子里，都是大蝗虫，个个和人一样高大，它们啃着他过去用神笔画的犁耙、水车、石磨……什么东西都吃，什么东西都吃光。

地里，屋里，已经一无所有。它们说，要吃人啦！

好像这些大蝗虫都长着人的头，一辨认，那是肥财主、长脖子员外、歪头千户、阔嘴富豪、大鼻子官家、钉耙齿官家、尖下巴画师、驴脸师爷……

它们好像不认得他，也好像看不见他。

他画了一把剑去刺它们，它们也不觉得疼痛，只是接过去，咯吱咯吱咬着吃掉了，连渣也不吐。它们的牙齿锋利得很。

他画刀去砍它们，他画槌去打它们。一样，它们都不觉得疼痛，都咯吱咯吱咬着吃掉了。

真厉害！

门外，许多人被捆住手脚，一动也动不了，很快要被它们吃掉了。

一辨认，是他的乡亲，是他的伙伴，还有那被鞭子抽打的小孩、养猫的老妇人、被害死父亲的年轻人、哑巴老人、住在破庙的卖艺人、瘸腿的老爷爷和他的小孙女、关在牢里老爷爷的难友、瞎眼的老婆婆，粗脖子的夫妻俩……

他们好像也看不见他，他的喊声他们好像也没有听见，他们都张着嘴巴，但发不出任何声音，他们好像变得麻木了。

这是怎么了？

他发狂地跑起来，他大声喊叫着："这是为什么？"

忽然，他的眼前，出现了他家乡的那座塔，他奔过去。

忽然，那座塔，又变成那个白胡子老神仙，送给他神笔的老神仙。

他是那么高大，马良抱住他的腿，请求说："给我们许多神笔吧！天底下，受苦受难的人太多了，你给我们每一个人一支神笔吧！这世上，多一个人有神笔，就少一分苦难。这世上，如果每一个人都有一支神笔就会变得安宁而美好了！那些坏人怕的是神笔啊！"

他说着，摇着白胡子老神仙的腿。怎么？他是抱着那塔，那塔摇起来了。

无数红红的枣子落下来。很奇怪，红枣子一落下来，在半空中，那枣皮枣肉往后退，成了一根根杆子，露出尖尖的枣核成了笔尖，十分锋利的笔尖。

村子里的蝗虫们很害怕，满村子逃开了。

塔又变成白胡子老神仙了，白胡子老神仙用他长长的白胡子作笔，在半空中挥舞着。忽然白胡子老神仙化成一支大笔，又化成一条金黄色的老龙。龙的长须飘荡着，龙冉冉升上天去，卷起了一股股黄颜色的龙卷风。

这龙卷风专找都市城邑的笔庄，各地的大富贵笔庄，甩走它的招牌，揭开它的屋顶，将笔庄里所有的笔，卷到了空中，下起了一场十分猛烈、十分壮观的笔雨。

那些被捆绑着的、麻木的、受尽苦难的人们，都挣脱了束缚，清醒过来了，他们每人手上都有一支笔了。他们都有一支剑一样锋利的笔了。

那些祸害人的蝗虫们，一个个都被笔的投枪所击中。

马良太高兴了，一跃坐起来，原来是个梦，一个好梦。窗外一片白茫茫的月光，天还没有大亮。

39. 无毒不丈夫

马良出了一身大汗，烧退了，伤口也不疼了，疲劳也恢复了。他精神很好。

他摸摸神笔，拾掇好行装，背上斗笠，去向店主辞别。他非常感激这位好心店主。店主说，是一位住店的尖下巴医生给他送的药。他不知这医生是谁，虽然非常感激，但医生未留姓名，并早就走了。店主很是仗义，见马良如此通达知礼，不但未收他的房钱，还馈赠了一些路上食用的干粮。

马良已跨出门。店主忽然发现屏风上悬挂的画不见了，因为住店的人多又杂，不知为何人所窃，十分沮丧。

这天，早晨透出了一阵阳光，忽然渐渐阴霾，很有些闷热。

马良爬坡上岭，踽踽而行。一路山色，甚是赏心悦目，虽然过往行人不多，但也颇警觉，提防出事。

走了许多时辰，来到一个地方，这里树密林深，悬崖峭壁，地形险峻。他想，神笔放在身上，恐遭不测，便想将它取出，藏入斗笠夹层。

他唯恐暗中有人跟踪，故意向四周树林深处投掷几块石头，看看动静。

有一块石头，落入路边深沟，只听沟底水潭子里发出"咚"的一声。

在沟底的画师，虽已挣开绳索，但沟壁陡峭，他爬不上来，正在发急。忽听马良投石发出的响声，知道上面有人，就用力大喊："快救命！快救命！"

马良正拿出神笔，忽听山沟里有人呼叫。因为画师喊久了，嗓门沙哑，声音已变，马良听不出来。马良一听有人遇难求救，就把藏笔的事情搁在一边。他觉得救人要紧，将神笔随意在腰间一插，就绕到沟对面的岩石上，伏下身去察看。

不看则已，一看，落在沟底的那人，原来就是那个画师。画师抬头望去，上面正是马良。冤家对头，偏偏狭路相逢，两人都怔住了。

马良不知画师缘何也到此间，落入这个深沟，觉得奇异。

画师没料到会遇上马良。他想马良不仅不会救他，一定还会置他于死地。他必须想个对策。他懊悔自己在野店手太软，担心发觉被逮住，没有在神笔到手之时，乘马良昏睡不醒，将马良结果了。他想起"无毒不丈夫"那句话，但觉得不能就此待毙，还要和他争斗一番。

画师伏在沟底，不断打自己嘴巴，一边打一边苦苦哀求说："我不是人！马良兄弟救救我，我要回京城，让强盗给抢了，被推下这山沟……"

"马良兄弟你不知道吧！你生病住在店里时，我给你送过药。我知道我过去对你太不应该了，我心里一直在忏悔，在谴责自己的良心……"

马良虽然十分恨他，但听说送药的人是他，以为他真是天良发现，看着他那快死去的可怜相，油然生出恻隐之心。

"好，我画根绳索拽你上来！"

他又贸然取出神笔来，要在地上画一条绳索搭救画师。不料，一落笔，他就感到有些异样，这笔没过去那样沉了。他再画，也变不成真的绳索。他的神笔失灵了，他一下跌坐在地上。他想，是不是他没有能帮助更多的穷苦乡亲摆脱灾难，白胡子老神仙不高兴，收去神笔的灵性了。不过，他又想，他一直把穷苦乡亲放在心上，没有一刻忘记过他们呀！他是尽了心，想帮助大家的呀！

他拿起这神笔再细细一看，发觉这神笔虽然模样大小和真神笔一般，可却是新的，原来是一支假神笔。他更急了，神笔是他的，也是穷苦人大伙儿的命根子，丢了还了得！他想不起来，是在什么地方丢的。

沟里，那画师听说马良要用神笔画绳索救他，便想真神笔在自己身上，为什么自己没有想到用神笔来画绳索呢？他赶紧取出那支神笔，要画绳索。可是，一落笔，这神笔竟变得那样沉。他拿别的笔作画，都很顺手，想不到这神笔，一下子变得这么重。他拿在手上摇摇晃晃，十分吃力，很难作画。他一笔画去，太细了，是一条蚂蟥；一笔画去，太粗了，变成了一只蜥蜴，还张着嘴向他爬来。他又惊叫起来："马良兄弟，快救我，这里有……"

马良听见画师竭力呼救，只能回答："我救不了你——我的神笔丢了！"

画师在这危急关头，只得把实情说出来。不过，他又撒了个谎："马良兄弟，在前面野店里，店主人卖给我一支笔，不知是不是你的神笔？如果是你的，我一定还给你！"

马良一听，信以为真，因为他是在画了那幅"高山流水图"以后神笔才丢失的。那店主真不是东西，怪不得对他那么好，他觉得自己太轻信别人了，忙说："你扔上来，让我试试。"

画师很不放心，怕神笔一扔上去，马良拿了神笔就走，扔下他不管。他哀求说："马良兄弟，我把笔扔给你，你可一定得救我啊！"

马良一心只想着快点找到神笔，说："你帮我找回神笔，我很感激你，怎么会不救你呢？一个人要讲信用的呀！"

画师没有别的办法，他打定主意，将神笔抛了上来。

马良一接到手上，大喜，果然是他的神笔。他赶紧画了一条绳索，一头放下沟去，让画师打个圈，套在腰间。好在画师人瘦小，马良将他拉了上来。

不想画师已有打算。他一上山沟，乘马良还没有喘过气来，一把夺过神笔，将耗尽力气的马良推下山沟去。

他知道不狠毒不行。他捡起石头，往山沟底下砸去。

这时，路上来了好几个过路人，问他干什么。他回答剪径强盗躲在下边。那几个过路人竟然也和他一样，一起搬来好几块大石头，重重地砸下去。

砸了许多石头，画师估计马良已死，拿了马良的行装，和那些人分开走了。

40. 深沟之望

马良滚下山沟。他抱着头，蜷起身体，跌进水潭子里，没有受大伤。不料画师和过路人还不放过他，用大石块砸他。他没有防备，一块石头砸下，正砸在他的右腿上，划破了膝盖，幸好没伤着骨头，他赶紧贴伏在沟壁上，许多大石头——从他头顶滚过。

画师险恶的居心，马良是想得到的。那几个过路人，不知事情的经过，却莫名其妙要投井下石一番。马良实在想不出他们是怎么想的。

　　马良觉得自己过于轻信，吃了大亏。如今真相大白，是画师有意送药，取得店主信任，乘他熟睡之际，用假笔换了他的神笔。

　　他悲伤的是，如今失去神笔了。他记得白胡子老神仙给他神笔时，说过人在笔在。从那时起，他一直牢牢藏着神笔，几经劫难，神笔依然无恙，未敢稍怠，何以今日如此之大意呢！他痛不欲生。

　　不过，他仍充满希望，他要到京城去。他一定要将神笔追回来。

　　希望又给了他力量和勇气。他到水潭里洗去身上的污泥，也洗去右腿的血迹，拾起那支他自己画的假神笔，整整斗笠，爬上沟去。

　　马良是在山里长大的，他从小砍柴、割草，再深的沟也能上去。

　　自然，要爬上这深沟也是很艰难的。因为他右腿受伤了，别处也擦破了许多皮肉。他攀住小树枝，踩着岩石，终于一脚一脚，爬了上来。

　　一到上面，他就向一个崖洞爬去，想在那里裹好伤，休息一会。因为用力过度，伤口大量流血，他一阵眩晕，还没有爬到崖洞，他就昏了过去，什么也不知道了。

　　等他清醒过来，已是深夜时分，凉凉的露水洒在他身上，清清的山风吹着他。忽然，听见脚步声，他又紧张起来。

　　过来一些穿黑衣的人，有人说："地上有血迹。"

他们寻将过来，马良躲避不及，给他们找到了。

他们看马良没有行李，腿上有伤，就问他是什么人，干什么的。

马良见他们语气和善，就直说了："我叫马良……"

那里面的一个人笑起来说："又是一个假马良！现在坏蛋都要冒充马良！"

另一个人接着说："就是抛在山沟里的那一个爬上来了吧，再把他抛下去！"

马良急了，忙解释他是马良，他要去京城，把路上让人偷走了神笔的经过说了一遍。他说："我不怕死，只是失去的神笔落到坏人的手上，再难也要找回来。如果神笔在坏人手上，穷苦人就甭想活了。我太对不起大家了。"

这两个人听马良说得有板有眼，很是在理，好像不假，但仍不放心，装着夜猫子叫了三声。后面一个崖洞里，又过来一个黑衣人。那两人问他："你见过马良，你来看看这马良是真是假？"

那人走近一看，"呀"地叫了起来："马良兄弟，你受惊了！"

马良却不认得他呀！

原来，他是和那位瘸腿老爷爷一同关在牢里的难友，是马良送进去锉刀、斧头、绳索，他们灌醉了牢卒，才从牢房顶上逃出来。那时，他们是戴着镣铐蓬头垢面的囚徒，马良自然认不出他了。

　　马良听他说得头头是道。马良去过几次牢房，他也说得清清楚楚，所以也就不再怀疑。他问起瘸腿老爷爷等人的下落。

　　黑衣人告诉马良，那个晚上，他们等牢卒醉倒，立即锉断镣铐，砍破牢门，从过道里用绳结成梯子爬上屋顶。是他把瘸腿老爷爷第一个送上屋顶的。他们按计划，一边跑，一边用牢里的席子丢在身后的屋顶上。追上屋顶的官兵，一踩上席子，便一个个都从屋顶摔下去了。逃出大牢，他们分开逃跑，约好在老爷爷住的小山村里会合。是他背着老爷爷往山里跑的，可是一到山脚下，只见官兵已经将山路封锁住了。眼看山里去不成了，他就和老爷爷沿江而下，到这山上来落草了。他们都是穷苦人，只抢贪官、污吏、财主、富商的不义之财，分发给穷苦人。这里离京城很近，所以官兵常常进山清剿。有一次失事了，老爷爷跑不快，让官兵抓去，救不出来，前几天传出消息说已经死了。

　　马良十分难过，为什么好人都活得如此艰难？死得这等容易？但他又说："这儿离京城不远，你们咋不到京城告状，干吗要到这儿来落草？"

　　最先找到他的那个强人，笑起来了："马良兄弟，过去我们也和你一样想，后来家被烧了，人被杀了，才明白过来。"

　　马良自然也劝不了他们。他们也挽留不住马良。他们带马良到另外一个山头的大岩洞里，将他的伤敷了药，包扎起来，然后又送了他一些钱财衣物，牵出一头骡子，送马良出山。

41. 净土

马良走了几天，总算到了他向往已久的京城。京城纵然很大，可他举目无亲，带的钱又不多，找个落脚的地方也难。转了一天，马良找到一座倒坍的寺院，和那些逃荒的灾民在一起栖身。

他每日里，上街卖画，赚上一点钱。可这哪够吃上一顿饱饭啊！有时反而是那些好心的灾民接济他。他没有神笔，帮助不了他们。

他一定要找到那个坏良心的恶画师，他必须追回那支神笔。如果他不还，马良就把他拖到皇帝那儿去。

有一天晚上，他做梦，也这样喊起来。第二天有人笑话他，说："皇帝好像是你的娘舅吧！"

马良很有信心，一定能追回神笔。可是，京城是一个大海，在这大海中要去找那个画师，比捞针还难得多啊！

他真想去找皇帝，告诉皇帝，穷苦百姓们实在活不下去了。旱灾、水灾、虫灾、病灾、兵灾，那些城城镇镇的恶官家、坏财主一手遮天，搜刮民脂民膏，鱼肉黎民百姓，该好好管一管，该好好办一办。

可是，皇帝住在皇宫里，他能听见这个从遥远遥远的山村，跌跌滚滚爬到京城来的穷孩子的声音吗？

他这样一个穿得破破烂烂的穷孩子，是连皇宫的门前都不许经过的。

京城里的官，叫京官，很多很多。马良也看不见他们。他们出来，都是坐着大轿，前呼后拥，吹吹打打，从街上经过，行人都得肃静回避。官府门前，也是门禁森严，过往人等不可以站住多看一眼的。

马良觉得皇帝、京官，离他们太远太远了。

京城确实繁华，地方很大，也很有气派。马良说，京城，真是黄金涂成的。高大的楼房，金碧辉煌。达官贵人，在家锦衣玉食，享尽人间福分；出门金车玉辇，招摇过市，真是威风。

马良发现，这里也是有权的官家、有钱的财主们享乐的天堂。

穷苦百姓呢？和州城里，和市镇里，和乡村里一个样。一些各地来的逃荒者，老人、妇女、孩子，沿街整排整排跪着，乞求过往善人布施。官兵过来了，抽他们几鞭子，将他们赶走。官兵过去了，他们又重来。

和马良住在废寺院里的灾民，就是这样子的。其实当中也有一些壮实的人，可是他们失去了土地，没有干活的地方，只好伤残了自己的身体，加入乞讨的行列里。

马良沿街叫卖他的画，很难找到一个买主。谁家愿意挂上一幅叫花子一般孩子画的画。

很多人家挂的，都是那些官家画的画。谁的官大，谁的画就最好，最值钱，挂着它越是有高身价。这里是以官大小论画好坏的。

有人告诉马良，在京城卖画，比别的任何地方都难，一定要拜在某某大官脚下，大官给你说一句话，你的画才可以卖出去。这人要马良去拜个官。马良谢过他的好意。

有人告诉马良，在京城卖画，一定要先去钻营个什么官，哪怕是芝麻绿豆官，也比平民百姓高三尺，你的画才可以卖出去。这人要马良去谋个官。马良谢过他的好意。

马良不想拜官，不想谋官，他只想能为穷苦人画画。

有人说马良迂腐、窝囊，是笨蛋傻瓜。可马良不理，他按他自己的意愿，挺起腰板，做一个铮铮铁骨的硬朗汉子，一个正楷大写的人。

马良在京城的日子很艰难，曾经在他眼前闪烁的金色的光环，渐渐黯淡了。京城的希望，一点点在他的心中消失……

他说这京城并不像他想的那样是一块净土！

他要找的画师在何处？他的神笔在何处？

42. 文昌庙中的疯子

这天，马良在街头踯躅着。

忽然，见到一座城隍庙。京城的城隍庙，造得比别的地方小气多了。大概京城官多，这小小的城隍爷便算不了什么。

他走进去，见到那个脸色严厉、手执大笔的判官，就急急问："判官爷爷，你知道那个坏画师在哪里吗？请你在生死簿上查一查吧！"

判官没有回答，走过来一位老人，捋捋白胡子，插嘴说："傻孩子，画师在哪里，判官爷爷怎么会知道呢？你要去文昌庙问魁星菩萨。判官爷爷的生死簿，是记人的生死的……"

马良急不可待地又问起来："那我倒要问问，我所知道的一位瘸腿老爷爷，他可真是个好人啊，为什么让他死呢？还有他的小孙女才十多岁，为什么让她死呢？好人早早死了，恶人好好活着，这生死簿还有什么用呢？"

那老人也回答不出来，只是说："这年头，什么都乱了套！判官爷爷也没有办法啊！"

马良叹了口气，走开了。他去找文昌庙了。

文昌庙里的魁星阁，魁星手上拿着笔，凛然地站立着。马良问道："魁星菩萨，你知道那个坏画师在哪里吗？他偷去了我的神笔。"

魁星没有回答，旁边转过一位老人，捋捋白胡子，接着说："小兄弟，魁星菩萨怎么会知道什么画师在哪里呢？他是点状元的，谁被他的笔点中，谁就能中状元做官……"

马良急不可待地又问起来："现在做官的人有的实在太坏了，魁星菩萨干吗不点中好人，偏去点中那些坏坯子呢？"

那老人也回答不出来，只是说："这世道，什么都变了，魁星一点中，明明是好人，可是一做官就变坏了，魁星菩萨也没有办法啊！"

他叹了口气，走开了。马良问不着画师的下落，很懊丧，一屁股在文昌庙的石阶上坐下。

他看着来这里进香的人，他们大多是一些读书人和做官的人。他们都带着一些家丁，挑着一笼笼上供的牲礼。有的比较菲薄，有的很是丰厚。

马良在一旁观察，原来读书人都是来求做官的。做了官的人是来还愿酬谢的。

马良看得很生气，他愤愤地说："这年头，什么世道，谁都想做官！"

马良悻悻地走了。

他走过财神庙，香火可盛着呢！

善男信女跑到财神爷面前，虔诚地顶礼膜拜，把头磕得很响。有一些人是来祈求发财的，也有一些人是发了财来酬谢财神的。

其中，不少是做官的，或者以前是做官的。马良骂了起来："如今，做官的发财，发财的做官。穷人，一直到死，也没'官''财'（棺材）埋！"

马良画画，不为官家，不为财主，生活自然艰难不堪。他流浪街头，衣食不周，穷困潦倒极了。

他到处向人问讯，那个坏画师在哪里？京城这么大的一个地方，哪里问得着！

他逢人便问，后来人们还以为他是个疯子呢。

竟然还有一群孩子，跟在他后面戏弄他，嘲笑他……

天渐渐转冷，很快下起雪来，马良衣衫单薄，几乎要冻死街头了。

可是，马良一定要找回神笔。他知道，天底下有多多少少老实巴交的穷乡亲，在过着和他一样的生活啊！

他说，他不能死，他要为所有的穷苦百姓而活着，将那支神笔找回来。

坚强的意志，一次次战胜饥饿、寒冷和死亡。

他天天上文昌庙。他可以断定，那个画师也会来文昌庙进香，不论他是有没有做上官，或者已经做了官。

每天，他从文昌庙打开庙门起，就一直在庙里看着每一个进香的人。

43. 一个认得的人

一天，他终于发现了一个认得的人，就是那个大富贵笔庄的弯脊梁老板。

马良眼睛一亮，心里想："这弯脊梁老板，和尖下巴画师，都在肥财主手下混过。找到弯脊梁老板，也许就可以找到那尖下巴画师了。"

他便上前去问。他一走过去，弯脊梁老板已不认识他，以为他是要饭的，丢给他一点钱。马良说："你怎么不认识我了？"

弯脊梁老板认了一会，还是认不出，因为马良早已变了样。他摇摇头。

马良大声地说："我是马良，你……"

弯脊梁老板一听是马良，吓得跳了起来："见鬼，见鬼！……"

因为弯脊梁老板早听说马良已经死了，他害怕得连牲礼也不收拾，就逃出庙门，钻进一顶小轿，急匆匆就走了。

马良不放过这个机会，紧紧追出去，跟在小轿后面，一路小跑。

他们转过几个弯，穿过几条小道，左拐右拐，来到一条不算太宽的大街。

马良见他们走进那家挂着"大富贵"招牌的笔庄的店门。还没有入晚，弯脊梁老板就叫手下人关上排门，还叫人从楼窗里挂出一串鞭炮，点着放了起来。

马良知道，他当自己是鬼。马良看看自己，确实已有几分鬼模样了。

马良就坐在店门口台阶上等，可是等了三天，也不见这笔庄开门。他不知道这笔庄很大，这是它后面的店门，前面的店门却在另一条大街上。

弯脊梁老板当天就从前面的店门出去，去告诉那尖下巴画师了。

原来，那尖下巴画师带着马良的神笔、斗笠和"高山流水图"，冒名马良，来到京城，找到大富贵笔庄的弯脊梁老板，由弯脊梁老板介绍给一位在官家行走的远亲，请他再托可进出皇宫的大官，把那幅"高山流水图"献给了皇帝。

皇帝见到这幅早晚能发出声音的神图，十分欢喜，就召见了这位自称有"神笔"的"马良"。

皇帝要看看神笔，尖下巴画师就将大富贵笔庄一支一模一样的马良笔呈了上去。原来，皇帝担心神笔画多了，这幅"高山流水图"就不稀罕了。于是，他将笔留下，给了画师很多财物，还封给他一个不小的官职，并御笔亲题了"马良笔真正神"六字，作为酬谢。

尖下巴画师做了官，便在一条街上建造了一个画馆。他想将皇帝题赠的六字做成金字大匾，悬挂在大门上。

京城的画师，好手很多，都不服气。也有人知道他的底细，他并不是马良。一霎间，在他的画馆周围，开起许多"马良画馆"。大家见画师每天背着顶斗笠，很快，几乎所有的画师都定做了斗笠，背在背上，斗笠便流行开来。

尖下巴画师不会罢休，他煞费苦心，在御笔亲题的字上做文章，将"马良笔真正神"六字，一一裁开，前后调换一下，成为"马良真正神笔"。但弯脊梁老板一看，说这是他们笔庄的招牌，向画师索要，画师自然不肯。后来，尖下巴画师索性将御笔亲题改成"真正神笔马良"。

御笔亲题的"真正神笔马良"招牌一挂出，果然把对手们制服了。很多人害怕他的势力，便投靠到他的门下，改名为"张良""李良""赵良"……尖下巴画师很快成了京城画坛的班头魁首。京城的画画人，都得去巴结他。

弯脊梁老板把见到马良鬼魂的事告诉了尖下巴画师。画师听了，知道那肯定不是鬼魂，是他当时过于匆忙，又有过往行人在旁，未能将马良砸死。马良来到京城，对他来说是个大祸患，非除去不可。两人计议开了。

最后商定，先由弯脊梁老板出面，将马良控制起来，稳住他。不能让他在外乱说乱跑。

马良没有找到画师，画师却布下罗网正在找马良。

44. 御笔亲书

马良在大富贵笔庄后店门口等了三天，不见弯脊梁老板出来。排门紧闭，他只好回到废寺院去了。

他告诉住在一起的灾民们，他就是马良，并把神笔被偷的事仔细说了一遍。灾民们都很敬重他，也非常着急和气愤，纷纷说要帮他把神笔要回来。

他们打算一起去拦轿向大官告状，去官府门口击鼓告状。可那全是说说的，他们都试过了，根本不可能。轿子还在一里地外，前面的行人都要被赶走；那鼓搁在两丈高的架子上，谁能击得着。

皇帝吧，他在三十三重天上。他们呢，在一十八层地下。这皇帝，是个聋子，他们都是哑巴。哑巴无法说话，聋子也听不到。

没有办法找到画师，马良还是去大富贵笔庄门口等。这天，马良把自己的衣服都洗掉了，只好从强人送给他的衣服中取出一件来穿上。马良一穿上，就认出这是尖下巴画师的。一想到是画师穿过的衣服，马良就感到恶心。但马良又一想，这样也许会引起注意，引画师出来。

他又到大富贵笔庄门口去了，还没有走到门口，只见前面有两个中年人，背上也背着和他一样的斗笠，不知他们是干什么的。马良心里有些奇怪，便跟在他们后面。

他们一面走，一面说着话，马良也听不清他们说什么。他和他们拉开一段路，远远跟着。

他们来到一条大街上，分别走进各自的店堂。马良一看，这街上有不少人背着斗笠。自然不是竹编的，有的是银丝编的，有的是珠子串的，有的是绸缎或皮革做的……质地不同，但样子和他的斗笠一样。

马良抬头一看，两旁招牌上全是非"马"即"良"，非"良"即"马"，什么画室、画店、画屋、画堂、画楼、画阁、画厅、画舍、画斋……

他想那尖下巴画师一定混迹在这些地方，便一家家走进去细细观察。

他发现这些卖画的铺子里，也有画得不错的，但大多很平常，有的实在太次。不过，这些人都有来头，他们的名帖上都写着：给什么大官画过像，什么大官称赞过他的画，本人原来做过什么官，甚至把曾在什么大官家当过听差也当作一份殊荣，还有恬不知耻的自称是什么大官门下走狗……

这些人都背着个斗笠，一副得意扬扬、趾高气扬的样子。马良走进去，他们都斜着白眼看他。马良感到这些人那种装腔作势的丑态，实在可恶可笑。

想不到，有一个画师，自己背着顶斗笠，看见马良背着斗笠，还嗤地一抻鼻子，讥笑他："眼下，乡巴佬也时兴背斗笠，充作马良来了！"

马良咽不下这口气，他大模大样往当中椅子上一坐，拍着桌子，大声说："背斗笠的本来都是乡巴佬！——你们又不是不知道！"

这一下，把这位画师吓住了。很快，隔壁几家画师都围上来。有人问："请问你是……"

马良理直气壮地说道："我就是马良。"

大家十分惊奇，交头接耳，又纷纷议论起来。有人使了一个眼色，一个中年人说道："我们朱良、苟良，不算冒充马良。我想，你还是到那头去找'真正神笔马良'吧！我们领你去。"

几个人簇拥着他，走到街的那一头，一个大院子门口，中悬"真正神笔马良"六个金字，后面是"御笔亲书"四个字和一方皇帝大印。马良知道这人十分可能就是那个盗他神笔的尖下巴画师。他走到看门军卫的小屋里，说："我是马良，要见你们主人！"

军卫一听，也慌乱了，想把马良赶走，可是同来的几个人都说："让你通报，你就去通报嘛！"

这军卫才硬着头皮进去了。

他的主人正是那个尖下巴画师。他听说马良活着，并已到了京城，便布下一个天罗地网，要收拾马良。弯脊梁老板已探听到马良住在废寺院，就带了一些人，充作慈善团体中人，给废寺院里的灾民造册，每人发了一些钱物，随后去了一些官兵，要把这些灾民一个个都遣送回原乡。谁知册上有马良名字，却不见马良的人。官兵回来说马良跑掉了。弯脊梁老板就到废寺院拿走马良的物品，回去报告了。尖下巴画师大失所望。

不料，如今马良自己送上门来了。尖下巴画师眉头一皱，忖了一忖，就自己出来迎接。一到门口，看见好几个同行中人送马良前来，知道事情麻烦，就作了个揖，说："诸位送我兄弟前来，非常感谢，改日一定还礼。"

说着，叫将大门关了，故意大声说道："啊呀，兄弟，你要出来谋差使就来嘛，何必要惊动众多邻里街坊陪同呢？"

马良正要还口，向他要神笔，几个家丁冲上去，将一方手帕掩住他嘴巴，拖到里面去了。

45. 坐轿的和抬轿的

马良被画师的家丁们拖进去，安置在一间小客厅里，丫鬟送上茶，让他坐下。

过了一会，画师进来了，叫家丁们走开，把门也掩上。

为什么马良落在画师手中，画师还对他如此客气呢？

前几天，画师和弯脊梁老板商议，一定得除去马良这个隐患，那他就可以稳稳当当地当马良了。马良在一天，他总感到不安稳。还有弯脊梁老板从废寺院里抄来马良的物品中，发现有他被强人所抢的东西。他知道马良已和那帮强人有关系，他觉得危险更大。

可就在昨天，皇帝突然召画师进宫画画。因为皇帝挥霍过巨，国库渐渐空虚，他担忧起往后的日子，唯恐百姓乘机反叛。他想起马良的那支神笔，就自己来画些金银。可他不知道那是支普通的笔，画什么都不成，就下令召马良进宫。

画师非常害怕。因为上次皇帝要神笔，他没有把真神笔献上去。他知道他必须有神笔，如果没有神笔，他就很难再说自己是真马良了。这可是欺君之罪啊！

不料，皇帝见了他并没有发觉那神笔是假的。只是将那笔给了他，叫他画金银财宝。

可这又是个难题啊！他乘皇帝不注意，悄悄将笔换了一下，把真神笔拿出来。这神笔，他得到以后，尝试过，一次也没画成呢！他要在皇帝面前画，更是慌得厉害。

皇帝出题叫他画了。

这神笔，确实要有很大的臂力，很大的心力，才能运用自如。画师纵有臂力，但是他心术不正，没有马良那种浩然纯正的心力。他提起笔，像举着鼎，不由自主地颤抖着。

皇帝叫他画金山。偏偏贪心不足的皇帝，画了一座又叫画一座，画了一座又叫画一座，重重叠叠，画了许多。画师实在坚持不住，神笔掉地上了，皇帝一看，却是一堆高高的大石头，上面压得太多了，就塌下来，差一点把皇帝的脚也砸伤。

皇帝叫他画金砖。偏偏贪心不足的皇帝，画了一块嫌小，再叫他画一块，画了一块嫌小，再叫他画一块，已画成长长的一条。画师实在承受不住，神笔掉地上了，皇帝一看，却是一条长长的大蟒蛇，张开血盆似的大口，向他们扑来，幸亏卫士们救得及时，不然皇帝早被蟒蛇吃掉了。

皇帝很恼火，要拿他问罪。他连忙编造谎话说，用神笔画画必须在三天前就沐浴斋戒，他奉召即来，笔也未曾供奉，所以出现了这等偏差。

皇帝深信不疑，说下次进宫作画，三天前降旨，必须虔心诚意。如再不成，定要严罚。

画师一出宫，即刻决定，一定要找到马良。

所以，马良自己上门来找他，他大喜，觉得这是天助他也！

画师走进客厅。马良见画师背着斗笠，穿一身陈旧粗布蓝衣蓝裤,腰束布带,脚上破烂蒲鞋,完全是自己的装扮,样子很是滑稽,叫人作呕。他就直截了当向画师要笔:"该把神笔还我了!"

画师见马良穿的是他的衣服,也不去责备马良,只是说:"如今,你是我,我是你,咱们到镜子中去照照,究竟谁是马良!"

马良不理会,只是说:"神笔是我的,还给我。"

画师笑笑,说:"神笔是马良的。现在,我是马良,真正神笔马良,这是皇帝御笔亲题的,这就是圣旨,就是假的也是真的。你要改变,是改变不了的。告诉你,你以后不要再称自己是马良了,你不是马良,马良不是你,这是皇帝说的。你死了这条心吧!好好跟着我,给我办事,帮我用神笔画画,只要你不再说自己是马良,你要什么,我给你什么。咱们早就说过,要好好合作嘛!"

马良哪吞得下这口气,他说:"我不是马良,你是马良,这不颠倒了吗?"

画师去里面取出一部大书来,说:"你不要以为你是真马良!如果不服,我可把这部书刻出来,广为散发。"

马良给画师蒙住了,他没有见过什么书,还能记载他不是马良!

画师翻开书,紧逼着问他:"马良眉毛中有白毛,你有吗?"

马良瞠然了,不明白是怎么回事。

画师再紧逼一步，继续问道："马良是襄阳宜城人，你是吗？"

马良弄糊涂了，摸不着头脑。

画师将书摊在他面前，读给他听："马良，字季常，襄阳宜城人也。兄弟五人，并有才名，乡里为之谚曰：'马氏五常，白眉最良。'良眉中有白毛，故以称之。——这才是马良，你是假的！书上这样印着，天下有许许多多人读过这书，你说不是，你能一个一个去向他们解释吗？告诉你，你长一千张嘴也没有用。"

画师不惜花大力气，竟然找到这部书，翻到这几句话，为的是将马良唬住。

马良知道，如今他已羊落虎口，画师随时可以吃掉他。他们什么事都做得出来。他听说画师要他用神笔帮他画画，他想他只要一拿上神笔，画师就再也别想拿走了。马良假意应承下来。

画师大悦，说："年轻人，识时务者为俊杰。现在，你懂事多了。我们能够好好合作的。"

画师从此就叫他"家弟"，马良成了"假的"了。安排给他的工作是抬轿子。画师出门，轿子后面那轿夫就是马良。画师有他的安排，遇到皇帝或什么大官，要他去画画，不能推辞时，可让马良代他画画。

画师出门，都要坐轿。他认为自己天生是一个坐轿的人。马良抬着他，他觉得一种征服欲得到了满足，非常得意。

似乎他将永远坐在轿里，让马良抬着他。

马良为了夺回神笔，不得不忍耐着。

46. 好画好画

这天，皇宫里又忙乱起来了。

因为有一些外国使臣要来觐见天朝的皇帝。风调雨顺，国泰民安，万国来朝，皇帝十分高兴，就大开宴席，以示庆祝和欢迎。

早三天，皇帝就通知画师带神笔进宫。

画师急得如同热锅上的蚂蚁，终日坐卧不安。

他想过带着神笔潜逃。可是，他明白，离开了皇帝、官家、财主，自己便什么都没有了。马良有神笔都活不了，他带了神笔，有什么用呢？哪个地方还能容身？哪户人家还敢收留他？所以，七想八想，觉得走也不是办法。

只有一个办法，就是把马良带进皇宫，到时让马良代画。

他还挖空心思，像变戏法一样，设计了一种祭桌，一件可以后面藏人的大披风，还有香烛、牲礼等。到时用来分散人们的注意力，不让别人觉察出是由人代画。一切，准备停当。

那天，他们一行二十余人，抬着大轿，扛着祭桌，挑着牲礼进宫了。路上，人们还以为是死了人，出丧呢！

一到皇宫门口，他们就被门卫拦住了，只许画师一个人进去。画师好说歹说，横求竖求，送了钱物，才应允进去四人。但到了第二道门卫前，仍是说只许画师一人进去。画师再次送了钱物，门卫说要搜查后一个个放行。祭桌、牲礼等物品则由皇宫侍卫搬送进去了。

画师进入大殿，只见皇帝高居上座，两旁全是文武百官和几个外国使臣。

宴席一开，皇帝就向大家介绍了天朝的祥瑞：马良和他的神笔。他说："让马良先给大家画一个'龙凤呈祥'吧！"

画师自然会画龙画凤，可是要用神笔画，他怎么行呢？

他想，等马良进来。于是，他慢慢设起祭桌，在祭桌上挂起帐幔，桌上点起香烛，摆上牲礼。他在拖延时间。

进来了一个人，并不是马良。他只好去披上那件大袍，不能让这出戏停下来。

他取出神笔，供到桌上去。只见进来一个人，又不是马良。他只得到桌前去跪了又拜，拜了又跪。又进来一个人，还不是马良。

他双手合掌，嘴里念念有词，等着最后的马良进来。

他不知道，门卫官只准他们四个人中进去三个。

进去的三个人中，一个是画师的叔父，一个是画师妻子的大哥，一个是画师的侄女婿。他们都说应该让自己进去，要马良留下。

马良也要进去。他想，进去就可以见到那个昏庸的皇帝，可以乘机取回神笔。画师的三个亲戚却骂他："你是什么东西？一个抬轿的，进去干什么？"

门卫官听说他是抬轿的，便拦住他，说："抬轿的，皇宫不是你进去的地方。"

马良再怎么说也不行。

这一来，里面的画师傻眼了，他久等不见马良进来，只好口上不住念下去，等着他进来，像道士念经文那样。大家等得都心急了。

皇帝心里不高兴，叫传话过去："不是要他来念经做法场的，催他赶快画。"

画师久等马良不进来，一听传来皇帝的话，吓得浑身战栗，只得硬起头皮，自己来画了。

画师已提不起那神笔了，他叔父在前面用双手托着他的臂，他妻子的大哥在后面扳着他的背，他侄女婿在底下抱住他的腿。他在众目睽睽之下，额头流着涔涔大汗，索索抖抖地画着。

他画龙，怎么却变成了一只大壁虎。

他画凤，怎么却变成了一只大乌鸦。

大壁虎和大乌鸦，既十分难看，又发出恶臭，它们爬在祭桌上抢牲礼吃，还打起架来，弄得宫殿里乌七八糟。

外国的使臣们捧腹大笑，说："这位大师的绘画水平太高太高了！"

官员们个个吓得失态，有的跌落杯盏，有的仓皇惊叫，有的离席逃开。

皇帝见丢人现眼，心中也很恼怒，但为了在外国使臣面前显示天朝皇帝的风范，连连解释说："好画，好画！此龙乃是上古之龙，此凤乃是上古之凤，难得看见！"

于是，所有的官员一致称赞起来："好画，好画，此龙乃是上古之龙，此凤乃是上古之凤，难得看见！"

这宴会就在一片称赞声中过去了。

47. 一切不改

宴会结束后，皇帝便把画师叫到后殿，大大痛骂他一顿。

皇帝早就听过各地官府报来马良持笔反对官家、财主，煽惑刁悍小民的事，因为后来画师上京献了宝，就赦免了他，未加追究。今日的事，使他火冒三丈，说："马良啊马良，你到处作恶，如今以献图为名，骗得了我的信任，我没有严办你，可你不但知恩不报，还戏弄了我，我这回不会再饶过你，前账后账要一起算！"

画师急坏了，伏在地上，不住磕头求饶，连连说："我哪敢戏弄皇上？没有皇上的大恩大德，我哪有今天？以前和官家、财主作对的，不是……不是我。"

皇帝更是恼怒，重重踢了他一脚，说："各地都送来呈文，要缉拿你，要严办你。白纸黑字，写得明明白白。——你还想抵赖，我饶不了你！"

画师害怕皇帝真的杀他，只好坦白了："皇上，那时的马良可不是我啊！"

他把马良的事从头至尾说了一遍，还添油加醋，夸大的夸大，歪曲的歪曲，捏造的捏造。他说马良私通强盗。他已从马良的行李中查获物证。并说，他已把马良逮住，是想缉拿归案，还想将马良的余党一网打尽，然后交官法办。他是为维护天朝利益。他之所以改名马良，是为了献画献神笔，更好地效忠皇上。他把自己说成是一心秉公的忠臣义士。

皇帝心想，这人已经认错，看看样子也并非反叛之辈，况且自己已亲笔题字，认定他是唯一马良，不好再改口了。这次宴会，也无人说开得糟了，还都说非常成功，也不好再改口了。皇帝想来想去，得要维护自己的威信，一言既出，一切就不更改了。他宣布道："你就叫'马良'了。那个马良就叫'家弟'了。你将那个持笔作乱的歹徒家弟，与我拿来，我要重重惩办他！那支神笔呢，归皇宫宝库收藏，不得再流传民间。此后，凡民间小民百姓，不准再私有笔支，违禁者严办。"

画师谢过皇帝，带着三个家人出去，在宫外见马良和同来的人都已被守卫宫门的卫士拿住。

画师传去皇帝的口诏，说："歹徒家弟私闯皇宫。图谋不轨，送入牢狱查办。其余人员，一律释放。"

马良被戴上手铐脚镣，又锒铛入狱了。他自己也莫名其妙，不知为何。

皇帝听说有人不服他，就想出一个办法。他叫画师将用神笔画成的大壁虎和大乌鸦装上铁笼，放在离皇宫不远的十字街头，叫画师带领一些官兵，穿着百姓衣服，站在铁笼外面说："这是古龙，这是古凤。"

凡不承认这是古龙古凤者，一律逮捕，送进监狱。

京城人知道这是圈套，都不吭声。第三天，有一个从乡间来的老婆婆和她的小外孙走过。小外孙问了一句："姥姥，这是乌鸦呀！"

老婆婆耳聋没听见画师的解释，眯起眼睛朝里一看，说："这是一只壁虎哩！"

老婆婆和她的小外孙就被抓去坐大牢了。

皇帝十分器重画师，委派他为收缴笔支的钦差，带领一批人，挨家挨户去搜查。皇帝一声令下，各地也都这样做了。

据说，有的地方，城隍庙里判官手上的那支笔，文昌庙里魁星手上的那支笔，也都收缴了。

据说，有的地方，连木笔树都不让栽了。见到木笔树，统统砍掉。

收缴来的笔，被堆在一个空地上，点火焚烧。

那烟之大，直冲云霄，将天都熏黑了。

腥风也吹进狱里。马良在狱里闻到了那股烧笔的味道，他放声大哭，泪如雨下。

雨很大很大，雨水黑而发苦，天也哭了吗？

48. 聚宝盆煮粥

皇宫国库耗费殆尽，而皇帝还想建官殿，造大狱。他想起神笔，想起关押着的马良。他想起用马良来画金银财宝，充实国库。可是他不敢贸然起用，就行文各处官府，要他们调查马良的真实底细，火速报来。干这种事，各地官家都十分卖力，极快报来了，并且十分详细。

材料上记载：马良祖上都有偷抢行为。小时候偷过笔，抢过笔，曾被多次抓获；是个头顶出脓，脚底生疮，一肚子坏水的坏孩子。长大了，马良因杀人放火，潜逃在外。一路上，豪夺公粮，聚众殴斗，四处作案，专与忠心奉公的官家、造福乡里的财主作对；也曾妖言惑众，劫狱谋反，最后入伙山寨，为一股强盗的头目。人人皆曰可杀，民愤极大……

真是个十恶不赦的马良！因为写得实在太坏了，皇帝不知马良究竟为何等青面獠牙的人物，就命从狱中提来，想亲自审问审问。

把马良押到皇宫里，已是夜晚。皇帝在灯下一看，竟是个毛孩子，虽然态度倔强，却也不像那种奸刁之徒。他对报来的那些材料半信半疑。信的是，那些材料都有什么什么人说，说的人还画过押。疑的是，这样一个毛孩子不至于有做这等坏事的能力。

自然，他也不信，他这个聪明绝顶、智力过人的皇帝制服不了这样一个乡野毛孩子。

他装出一副仁慈为怀的样子，说："听说你很有本事，能把东西画活，如若你能为我画画，神笔在我这里，我可以还给你，并且让你永远住在宫中。"

马良在狱中，遇到许多无故被抓进来的平民百姓，大家纷纷咒骂这个暴戾的皇帝。这皇帝，早已不是他先前想的那样，是一个贤明圣主。他摸不清皇帝的用意，所以一声不吭。

皇帝看看外面的天，说："你用神笔给我画一个太阳吧！让夜里亮得像白天。"

马良愤怒得很，只是说了一句："我可没办法将黑夜画成白天。"

皇帝想，把黑夜画成白天，确是一个难题。人怎么能飞到天上去画太阳啊！他说："这题目是太难了，改换一个题目吧！"

皇帝取出神笔，在马良面前一扬，说："你用神笔画一个聚宝盆吧！"

马良见到神笔，就来了精神，想了一想，便说："什么叫聚宝盆呢？我从来没见过。"

皇帝见马良肯画了，他们的谈话有进展，也放松下来，说："就是一个盆子，画大些，像只大铁锅吧！那种煮粥用的大铁锅。"

马良点点头，说："把神笔给我，那煮粥的聚宝盆，我能画。"

皇帝迟疑了一下，也不给马良打开镣铐，把神笔递给他。

马良伏在地上用神笔画了个大铁锅，一个真的大铁锅在皇帝的面前了。

皇帝也没见过真的聚宝盆，以为这真是聚宝盆。灯光下也没看清楚，他急于伸手去捞金银财宝。

皇帝将手伸进锅里去，只听"哎哟"一声，原来铁锅里煮着一锅滚烫的薄粥，把皇帝的手指都烫得又红又肿的。

皇帝痛得跳起来，一个卫士忙跑过来帮助他，谁知太性急了，碰着铁锅的边。铁锅的底是圆的，一碰着，整锅粥倒翻了，大家的脚上都有粥了。皇帝就在铁锅旁边，脚上浇满了滚烫的粥，脚被烫得又红又肿，不住叫"哎哟"。

皇帝又痛又恼，想责备马良，马良却先说了："我说我没有见过聚宝盆，不会画，你们说画个像煮粥的大铁锅，而且还要大。再说，我也没有让谁伸手去捞粥，踢翻锅子的也不是我。"

皇帝说不出什么，他痛得厉害，只是说："将神笔收起来，明天再画！"

49. 金山银山摇钱树

皇帝想了一夜。

马良也想了一夜。

皇帝照他昨晚想的说了："给我画株摇钱树。摇钱树上，长的都是钱，轻轻一摇，就能掉下许多钱来。这有多好呢！"

马良还戴着镣铐，皇帝并不想将它打开，让他戴着镣铐画。马良说："好吧！"

皇帝将神笔又递给马良。马良接过神笔，走向那一堵大墙壁。他拿起神笔，照昨晚想的画了。

他在墙根上，画了几条曲线，立刻，泛起了粼粼水波，水波向很远很远的地方荡漾过去。原来，这是一个海，一个很美丽的海。蓝蓝的海水，多像一面亮光闪闪的大玉镜。

皇帝一看，呆住了，不知道马良又在耍什么花样，忙喝住他，说："我叫你画摇钱树，谁叫你画海？"

马良没有回答，就在海中央画了块小岛，在小岛上画了两座山，在两座山的中间画了一株小小的树。马良说："这岛上有两座山，一座是金山，山上都是金子，一座是银山，山上都是银子，两山中间的那株树，就是摇钱树。"

皇帝看看有些高兴，很快就又皱起了双眉，说："金山太小，银山太小，摇钱树太小！"

马良在金山上点了几点，在银山上点了几点，在摇钱树上点了几点，金山上、银山上、摇钱树上，闪烁着耀眼的金光、银光。马良说："因为它远，金山大着呢，银山大着呢，摇钱树大着呢！金山上有搬不完的金子，银山上有运不完的银子，摇钱树上有无数无数的钱。你听见了吗？那是摇钱树上的钱和钱碰撞的声音，那是摇钱树上的钱落在金山上的声音，那是摇钱树上的钱落在银山上的声音，那是摇钱树上的钱掉在海水里的声音……声音都不一样，都那么好听！"

皇帝听听有些高兴，很快又皱起了双眉，说："我不要海！我不要海！我不要海！"

马良回答得很快，很巧妙。他说："金山银山摇钱树，被海围着；我的手和脚，被镣铐锁着。你不要海，我也不要镣铐。"

皇帝装作没有听懂。他说："海围住金山银山摇钱树，我怎么进去搬金子、运银子、摇钱呢？"

马良接着说："如果金山银山摇钱树不被大海包围着，金子早被人搬走了，银子早被人运走了，钱早被人摇走了。有大海，这些金子、银子、钱，全是皇上的了。"

皇帝听得心花怒放，忙说："快画只大船，愈大愈好，要能装得下许多许多金子、银子、钱！"

马良再次要求把镣铐打开，说："戴着镣铐我如何画得了大船？只能画小船。"

皇帝一想，也对。为了画一只大船，他叫人暂且取下马良手脚上的镣铐，说："你放手画大船，很大很大的船，我要带很多人去呢！"

马良沿墙根画了一只很大很大的船。船上挂着很大很大的风帆。

皇帝十分高兴，十分性急，带了许多文武大臣，带了一些官兵，就上船去了。

马良画了几笔风，海水掀起了密密的波纹，大木船缓缓地开动了。大木船向着海中央缓缓地驶去。

50. 愤怒的海

名著导读课堂
作家故事影像
阅读技巧点拨
漫游世界名著
扫码获取

马良非常高兴。

皇帝也非常高兴。

马良拿着神笔画着风，风渐渐增大。

皇帝心里痒极了，他想早些到小岛上，攀上金山搬金子，爬上银山运银子，到摇钱树下摇钱。他恨不得立刻将金山、银山从船上装回来，立刻把摇钱树连根拔起，栽在皇宫里。他嫌风太小，船走得太慢，在船头上叫："把风画大些！把风画大些！把风画大些！"

马良跳上墙边的一张桌子，伸出手去，加上几笔粗粗的风。

海，动荡起来了，白帆鼓得满满的，木船疾速地向海中央驶去。

马良又添上几笔更粗更粗的大风。海，不安地吼叫起来，卷起滚滚的浪涛。

大木船开始摇摇晃晃了，并且越来越摇晃得厉害。

皇帝心里有点担忧，向马良招着手，大声喊道："风够大了！风够大了！风够大了！"

马良装作没有听见，不停地画着风。

一股股更粗更粗的大风，向着海水，向着木船，冲击过去。

海，发怒了，它使性地用它翻滚的巨浪扑上船去。一浪紧接一浪，一浪高过一浪，扑上船去。

船，开始倾斜了。船上的人们一齐向另一边挤，船转了一圈，又向另一边倾斜，人们又向另一边挤……船转起了圈子，人们转起了圈子。

皇帝被人们挤来挤去，随着船转着圈子。他被海水打得浑身湿漉漉，抱着船头的桅杆，不住地叫喊："风太大了，船要翻了，不要再画了！"

马良并不听他的，高举神笔，画着一圈一圈的大风。

海面上卷过一股股转圈圈的风，皇帝他们的大木船，陷进了海的旋涡里，愈转愈快，愈转愈快，像个在海上转着的陀螺，一会儿离开水面，一会儿落在水里，好似有线牵着，被谁提着，转着……

皇帝一屁股瘫坐在船上，只得紧紧抱住已经折断、剩下半截的桅杆，叫喊着："不要画风了！不要画风了！不要画风了！"

自然，谁也听不见他的声音了。马良不停地画风，还画起一块块厚厚的乌云。风带着乌云，向海中央扑去。

风更大了，乌云低低地压在木船的上空，又是鸣雷，又是闪电，响雷几乎把皇帝他们的耳朵都炸聋了，强烈的电光闪得皇帝他们的眼睛都睁不开了。皇帝他们仿佛看见马良的那支神笔，已变得很大很大，在半空中奋力地挥动，疾速地盘旋。那雷声似乎是笔挥动的声音，那闪电似乎是笔发出的光芒。一场瓢泼暴雨，往船上倾泻下去。这雨，十分密集，好像是半空中那巨大神笔洒下的淋漓墨汁。

浪更猛了，海水像一堵堵倒坍的高墙，接连不断向船上压去。似乎这都是人，一大群一大群，一大片一大片，黑压压的，许多许多人。似乎这是人的海，人的浪。海，呼啸着；浪，咆哮着。似乎这许多许多人，在狂喊着：笔！笔！笔！

船，一会儿被浪峰抛上半空中，一会儿又跌落在深渊般的浪谷里……

皇帝他们只觉得天翻过来了，地覆过来了，海在他们的头顶，他们开始失重向海飞去……

海，辽阔的海，汹涌的海，愤怒的海，这只木船，在海里，显得多么小，它只是秋天森林里的一片黄叶。

海，很快就将这片黄叶扯得粉碎……

后　事

《神笔马良》的故事，就这样传开来了。

当然，那是在平民百姓中间，口头传来传去的。

因为传的人很多，说法也不相同。特别是马良后来怎样了，各有各的说法。

有的说：他回到家乡，和那些种地的伙伴们在一起。

有的说：他到处流浪，专门给受苦的人们画画。

也有人对这些说法不满意，他们说：马良说服了那些山寨的强人，去投奔起义的队伍，马良成为起义队伍中的一员。

孩子们最喜欢的一种说法，那就是：后来，马良爬到皇宫的最高顶上，他看见四面八方的孩子们，他们都愁眉苦脸，没有一丝笑容。

马良一手举着神笔，一手拿着斗笠，向大家挥舞着。

马良画起了一条长长的绳子，绳子上系着个钩子。他用力将绳子向蓝空抛去，勾住了一块厚厚的云，他将云拉到身边，用神笔在云上画了许多许多许多的笔。

画好笔，马良解去绳子，云挂着笔，到处飞。因为笔很重。云承受不住，一面飞，一面往下落。孩子们有的用竹竿拨，有的跳上去采，有的在地上捡……每个孩子都得到一支笔了。他们都很高兴。

他们看见马良了，马良也看见了他们。马良挥舞着笔，他们也挥舞着笔。

不过，也有孩子做了一点补充，说：不对，马良在云上画的不是笔，而是一粒粒种子。这种子落到四面八方，就长出了一种树，这种树很像木笔树，但不是木笔树。孩子们壅土、浇水、施肥、除虫，树长大了，树开花了，树上结出的果子，是一支支笔。凡是种过树的孩子，都得到一支笔。

　　不过，还有孩子是这样说的：不对，马良在皇宫顶上没有画笔，也没有画种子，而是画了一个很大很大的爆竹，大爆竹里还有许多许多小爆竹，小爆竹里还有许多许多小小爆竹，小小爆竹里还有许多小小小爆竹……马良点着了大爆竹，大爆竹飞上天去了。大爆竹炸开了，点着了里面的小爆竹。小爆竹炸开了，点着了里面的小小爆竹，小小爆竹炸开了，点着了里面的小小小爆竹……大大小小的爆竹，五光十色，整个天空美丽极了。爆竹像天上无数的流星，落到地上。孩子们都捡到了，怎么，爆竹的头上还有须须呢？大家一看，这都是笔啊！

　　其他的孩子们接着补充说：不对，马良不光是画云，画爆竹，而是都画了。不过不论是在云上挂的，树上结的，爆竹变的，都不是普通的笔，是和马良的神笔一样的神笔。

　　所以，后来的孩子们都说：我们都是马良，我们都有一支神笔。

鸡与鹤

有一只公鸡。

它住在山的这一边。

一天，它独自到山顶上去玩。

恰好有一只丹顶鹤，也到山顶上来玩。

这丹顶鹤住在山的那一边。

它们相遇了。它们虽然在一起玩，丹顶鹤却是一副爱理不理的样子，它心里看不起公鸡。

天晚了，分别的时候，公鸡很有礼貌地邀请丹顶鹤，说："哪天请到山这边来做客。"

到了约定的日子，丹顶鹤来了。

丹顶鹤到这里来，是为了炫耀自己。

公鸡向大家做了介绍，鸡们围着丹顶鹤，热情地欢迎它。

有的鸡说："丹顶鹤的腿和脖子那么长，多英俊！"

有的鸡说："丹顶鹤浑身一片雪白，多么整洁大方！"

有的鸡说："丹顶鹤头上的红顶那样鲜艳，好漂亮！"

丹顶鹤站在鸡们中间，听了这些赞美声，更有点飘飘然，愈来愈觉得自己比鸡要高贵了。

鸡们请求它跳个舞，它也不肯，就要回去了。

公鸡把它送了好长一段路。分别的时候，它随口冷冷地说了一句："你想到我们那里看看也可以。"

一天，公鸡真的到丹顶鹤那里去了。

公鸡到了那里，鹤们也围了上来，公鸡站在鹤们中间，有点不好意思呢！

鹤们看看公鸡，也说开了。

有的鹤说："公鸡的身体，长得多匀称啊！"

有的鹤说："公鸡的翅膀花花绿绿，够好看的！"

有的鹤说："公鸡头上那红冠，还是竖起来的，太神气啦！"

鹤们的夸奖，把公鸡说得脸都红了。

可丹顶鹤听大家称赞公鸡，心里很不是滋味。

公鸡应大家的要求，唱了好几支歌。

鹤们也跳舞给公鸡看，公鸡非常高兴。

不早啦，公鸡向鹤们告别，回来了。丹顶鹤只道了一声："再见！"

它送也不送公鸡。

过了几天，公鸡和丹顶鹤又在山顶上相遇了。

公鸡亲热地跟丹顶鹤打招呼，说："我们鸡，都在称道你呀！"

可丹顶鹤接着道："那自然。你们鸡怎么能跟我们鹤相比呢？"

公鸡听了，心里有些不舒服，说："那，你们鹤不是也夸奖我们鸡啊！"

丹顶鹤冷冷一笑，说："那是客套话，你当真啦！"

公鸡很生气，说："恐怕不能这样说吧！"

这样，它们就争论起来了。

丹顶鹤还是那样的看法："总之，鹤要比鸡高贵！"

而公鸡仍旧没同意："我看，这也不见得！"

它们争论了好久，还是没有结果。

这时候，正好山下路上有个人走过。

丹顶鹤看见了，说："世界上，人是最聪明的。我们一起去问问人吧！"

公鸡也赞成，说："好，去问问人吧！"

它们迎着人走去，向人说了。

过路人听了，一想，说："我并不聪明，我领你们去问问聪明的人吧。"

丹顶鹤和公鸡，跟着过路人去了。

过路人领着它们，先走过一个动物园，过路人就向动物园的管理员叔叔说了。

动物园的管理员叔叔说："我们动物园，非常欢迎丹顶鹤住到这里来，要是它自己愿意的话。可我们不需要公鸡啊！"

丹顶鹤一听，心里乐极了，对公鸡说："听见吧！他们只欢迎我丹顶鹤呢，而不欢迎你公鸡，这不是说，我们鹤要比你们鸡高贵吗？"

公鸡没有吭声。

过路人又领着它们往前走，走过一个畜牧场，过路人就又向畜牧场的管理员阿姨说了。

畜牧场的管理员阿姨说："我们畜牧场，非常欢迎公鸡来这里落户，要是它自己愿意的话。可我们不需要丹顶鹤啊！"

公鸡听了，对丹顶鹤使了个眼色，意思是说："不可能吧，鹤怎么会比鸡高贵呢？"

丹顶鹤也无话可说。

这样，丹顶鹤想，既然动物园欢迎它，它就到动物园去住下吧。

这样，公鸡想，既然畜牧场欢迎它，它就到畜牧场落户吧。

过了些日子，有一天，动物园里，丹顶鹤正站在一株老松树底下晒太阳，来了一个白头发画家，立刻铺开纸，把它画成一幅画。

丹顶鹤十分沾沾自喜。它想，老画家给它画画，那多了不起，不是又证明鹤比鸡高贵吗？

其实，它不知道，畜牧场里，一天来了一个报社的女记者，"咔嚓"一声，给公鸡拍下了昂着头，对着东升的太阳高声啼叫的照片。

小朋友，你注意没有？昨天出版的《儿童周报》第六版上，就登着那张画和那张照片。

画和照片，一样大小，并排放在一起。

真是巧，丹顶鹤和公鸡又在一起了。

哪吒闹海

商朝的时候，陈塘关总兵李靖是一位很有名气的大将军。有一天，他的夫人生了一个男孩，有位叫太乙真人的神仙来找李靖，要收刚出生的孩子当徒弟。他拿出一只叫乾坤圈的手镯，一块叫混天绫的肚兜，送给小男孩。这小男孩就是哪吒。

转眼间，哪吒七岁了。有一天，天气很热，他和几个孩子一起到东海边洗澡、玩耍。正玩得开心，东海龙王的儿子三太子率领一群虾兵蟹将，前来巡海察看。见有小孩在海里洗澡，一个巡海夜叉就凶神恶煞地叫道："哪里来的野孩子，敢在这里作怪？"哪吒回头一看，只见一个长着满口獠牙的夜叉，拿着斧子向他挥来。哪吒见夜叉这么不讲理，而且来势凶猛，就取下乾坤圈向夜叉抛去，没想到一下子就把夜叉打死了。三太子见哪吒打死了夜叉，恼羞成怒，举枪刺向哪吒。哪吒连连躲让，可三太子就是不放过他。哪吒一着急，顺手把混天绫抛过去。那混天绫变成了一块很大的布，把三太子紧紧缠住。哪吒举起乾坤圈一打，三太子被打得现出原形，变成了一条龙，直挺挺地躺在岸边不动了。

龙王听说三太子被哪吒打死了，就怒气冲冲地去找李靖。李靖对龙王说："你弄错了吧，哪吒才七岁，能打死夜叉和三太子吗？"龙王说："你不信，就把他找来问一问。"李靖找到哪吒，一问才知道哪吒已经闯下了大祸，只好把他带去见龙王。龙王对哪吒说："我要到天宫去告你！"说完，就驾着云彩上天宫去了。

哪吒抢先来到南天门，等龙王赶来，连忙拦住他，说："老伯伯，是我错了，请别去天宫告状吧！"龙王哪里肯依，坚持要去告状。哪吒忍不住发火了，他把龙王打倒在地，又去揭龙王身上的鳞片，痛得龙王连声求饶，只好答应不去天宫告状。

东海龙王回去后，越想越生气。他把南海、西海、北海三位龙王一起请来，把李靖绑了起来，要兴师问罪。四海龙王甚至还要呼风唤雨，水淹陈塘关。哪吒急了，他怕连累父母和陈塘关的百姓，就对东海龙王说："之前闯祸的是我，后来拦路、揭你鳞片的也是我。我一人做事一人当。"说着，哪吒含泪自尽了。四海龙王见此情形只好放了李靖。

太乙真人听说哪吒死了，心里很舍不得。他用荷花、荷叶、嫩藕摆成一个人的样子，大声叫道："哪吒，哪吒！还不快快起来！"那荷花、荷叶、嫩藕马上变成了哪吒，比原来更可爱了。

课本里的作家

序 号	作 家	作 品	年 级
1	金 波	金波经典美文：第一辑 树与喜鹊	一年级
2	金 波	金波经典美文：第二辑 阳光	
3	金 波	金波经典美文：第三辑 雨点儿	
4	夏辇生	雷宝宝敲天鼓	
5	夏辇生	妈妈，我爱您	
6	叶圣陶	小小的船	
7	张秋生	来自大自然的歌	
8	薛卫民	有鸟窝的树	
9	樊发稼	说话	
10	圣 野	太阳公公，你早！	
11	程宏明	比尾巴	
12	柯 岩	春天的消息	
13	窦 植	香水姑娘	
14	胡木仁	会走的鸟窝	
15	胡木仁	小鸟的家	
16	胡木仁	绿色娃娃	
17	金 波	金波经典童话：沙滩上的童话	二年级
18	金 波	金波经典美文：一起长大的玩具	
19	高洪波	高洪波诗歌：彩色的梦	
20	冰 波	孤独的小螃蟹	
21	冰 波	企鹅寄冰·大象的耳朵	
22	张秋生	妈妈睡了·称赞	
23	孙幼军	小柳树和小枣树	
24	滕毓旭	神秘隐身人	
25	吴 然	吴然精选集：五彩路	三年级
26	叶圣陶	荷花·爬山虎的脚	
27	张秋生	铺满金色巴掌的水泥道	
28	王一梅	书本里的蚂蚁	
29	张继楼	童年七彩水墨画	
30	张之路	影子	

序 号	作 家	作 品	年 级
31	周 锐	慢性子裁缝和急性子顾客	三年级
32	张晓楠	一支铅笔的梦想	
33	洪汛涛	神笔马良·鸡与鹤	
34	曹文轩	曹文轩经典小说：芦花鞋	四年级
35	高洪波	高洪波精选集：陀螺	
36	吴 然	吴然精选集：珍珠雨	
37	叶君健	海的女儿	
38	茅 盾	天窗	
39	梁晓声	慈母情深	五年级
40	陈慧瑛	美丽的足迹	
41	丰子恺	沙坪小屋的鹅	
42	郭沫若	向着乐园前进	
43	叶文玲	我的"长生果"	
44	金 波	金波诗歌：我们去看海	六年级
45	肖复兴	肖复兴精选集：阳光的两种用法	
46	臧克家	有的人——臧克家诗歌精粹	
47	梁 衡	遥远的美丽	
48	钱万成	我从山中来	
49	臧克家	说和做——臧克家散文精粹	七年级
50	郭沫若	炉中煤·太阳礼赞	
51	刘慈欣	带上她的眼睛	
52	魏 巍	谁是最可爱的人	
53	贺敬之	回延安	八年级
54	刘成章	刘成章散文集：安塞腰鼓	
55	叶圣陶	苏州园林	
56	茅 盾	白杨礼赞	
57	严文井	永久的生命	
58	吴伯箫	吴伯箫散文选：记一辆纺车	
59	梁 衡	母亲石	
60	汪曾祺	昆明的雨	
61	曹文轩	曹文轩经典小说：孤独之旅	九年级
62	艾 青	我爱这土地	
63	卞之琳	断章	
64	梁实秋	记梁任公先生的一次演讲	高中
65	艾 青	大堰河——我的保姆	
66	郭沫若	立在地球边上放号	